Die Macht der Vergebung

von Rolf E. Keusen

Die Macht der Vergebung

von Rolf E. Keusen

Meiner lieben Frau Erika gewidmet

Edition

Keusen Ministries

3. Auflage Februar 2013

Herausgeber:
Edition Keusen Ministries
Im Buchenhain 35
63225 Langen

E-Mail: info@keusen-ministries.org

ISBN 978-3-932994-90-6

Wenn nicht anders angegeben, sind die Bibelzitate der revidierten Elberfelderübersetzung entnommen. Die Bibelzitate wurden nicht den Regeln der Deutschen Rechtschreibreform angepasst.

Überarbeitung: Johannes Schreiter, Elisabeth Winter
Umschlagbild: Ausschnitt aus dem Taufraumfenster im Münster St. Paul, Esslingen/Nekar gestaltet von Prof. Dr. Johannes Schreiter
Satz und Druck: Schönbach-Druck, Erzhausen

Umschlaggestaltung: drk-artwork

Inhaltsverzeichnis

Vorwort

Obwohl über das Thema „Vergebung" schon oft gesprochen und geschrieben wurde, bietet dieses Buch von Rolf Keusen ganz einzigartige, wichtige Einsichten, die jeder Christ kennen aber auch leben sollte. Anders als in den übrigen Religionen, bietet der Gott der Bibel den Christen das Gnadengeschenk der Vergebung an. Wir können, wenn wir wollen, anderen jegliche Schuld vergeben, selbst Vergebung empfangen und dadurch in ein völlig befreites Leben hineintreten.

Praktizierte Vergebung ist der Schlüssel für geheilte und gute Beziehungen, für ein Leben in Freiheit, Heilung und Vollmacht. Obwohl Vergebung Teil der biblischen Lehre ist, wird sie von vielen Christen nicht ernst genommen und nicht praktiziert. Der Psalmist sagt:

> *Psalm 103:*
> *„...der dir alle deine Sünden vergibt und heilt alle deine Gebrechen."*

Wenn wir vergeben – vergibt uns auch Gott – und der Weg für innere und körperliche Heilung wird eröffnet. Dies hat Auswirkungen in unserer Ehe, Familie bis hin in unser gesamtes Beziehungsumfeld. Vergeben wir, werden Beziehungen geheilt.

Andererseits, wenn wir Schuld, die uns zugefügt wurde nicht vergeben oder nicht um Vergebung bitten, wenn wir selbst schuldig wurden, hat Satan Anrechte anzugreifen. Mögliche Angriffspunkte sind: Krankheiten, Schlafstörungen, depressive Verstimmungen und vieles andere mehr. Dies wird sehr deutlich in der Geschichte vom Schalksknecht in *Matthäus 18* vor Augen geführt.

Das Schlimmste wäre, dass wir uns entscheiden *nicht* zu vergeben – weil dann Gott uns unsere Übertretungen auch *nicht* vergeben kann. Gott hat sich an sein Wort gebunden zu vergeben, wenn auch wir vergeben. Deshalb ist das Thema „Vergebung" entscheidend, um ein Leben in Freiheit zu führen.

Wir sind Rolf Keusen dankbar, dass er alle diese Zusammenhänge in klarer, verständlicher und tief zu Herzen gehender Form niedergeschrieben hat. Wir glauben, dass dieses Buch für die Leser, die es sich zu Herzen nehmen, großer Segen und viel Befreiung auslöst. Wir befürworten sehr, dass dieses Thema noch einmal in so klarer Form aufgegriffen und dargelegt wird.

Jesus sagt: *„Selig ist der, der sein Wort hört und tut"*. Wir wünschen Ihnen, dass dieses Buch Sie veranlasst, ein Hörer und Täter *SEINES* Wortes zu sein. Es wird Befreiung und Heilung in viele Bereiche Ihres Lebens bringen.

Christoph Häselbarth

Einführung

Der Anstoß dieses Buch zu schreiben geht auf die Erfahrung zurück, dass viele Menschen ein absolut falsches Verständnis von Vergebung haben und sich deshalb aus Unkenntnis von vielen Segnungen ausschließen. Ich habe nicht versucht, das Thema umfassend theologisch abzuhandeln, sondern einen prägnanten und praktischen Wegweiser zu schreiben. Dieser soll Menschen helfen, aus der Gefangenschaft der Unversöhnlichkeit herauszukommen. Die Bibelkommentare sind vorwiegend der revidierten Elberfelder Übersetzung entnommen.

Bevor wir uns in das Thema einarbeiten, möchte ich einige Grundlagen klären, auf denen die weiteren Gedankengänge aufgebaut sind.

> *Johannes 15,5*
> *Ich bin der Weinstock, ihr seid die Reben. Wer in mir bleibt und ich in ihm, der bringt viel Frucht; denn getrennt von mir könnt ihr nichts tun.*

Jesus lehrt uns, dass wir ein Gefäß, ein Tempel, eine Rebe bzw. ein Glied an seinem Leib sind. Wenn wir diese Begriffe genauer betrachten, stellen wir fest, dass sie auf eine Gemeinsamkeit hinweisen: Wir sind, ohne mit der wahren Quelle verbunden bzw. von ihr gefüllt zu sein, nicht wirklich lebensfähig. Anders ausgedrückt: getrennt von Jesus können wir nichts tun, was Ewigkeitsbestand hat.

Wenn wir glauben, dass Gottes Wort wahr ist, bezieht sich das auch auf Jesu Aussage, dass wir getrennt von ihm nichts tun können. Warum streiten wir dann mit Gott darüber, wie viel NICHTS ist.

- Wäre es nicht sehr viel klüger, dem Wort Gottes zu glauben und entsprechend zu handeln.
- Und wenn wir ohne IHN nichts tun können, *sollten* wir auch nichts ohne IHN tun.

Gott hat uns seins- und nicht leistungsorientiert geschaffen

In meinem Leben konnte ich zuerst an mir, aber auch an vielen anderen beobachten, wie schnell unser Selbstwert aus dem bezogen wird, was wir tun. Zu leicht vergessen wir, dass Gott uns nicht zum Tun, sondern zur Gemeinschaft mit ihm bestimmt hat. Jedes Tun, aus *eigenen Werken* entsprungen, kann niemals Gottes Wohlgefallen finden.

Eines unserer Grundprobleme ist, dass unsere fleischliche Natur dazu neigt, Verhaltensmuster, welche schon Adam und Eva zu Fall brachten, zu kopieren. Sie begannen eigene Gedanken über das „Wie und das Was" ihres Tuns zu denken – verblendet durch die diffuse Vorstellung, sich selbst zu verwirklichen. Dadurch wurden sie für die Einflüsterungen Satans empfänglich, die ihrem Unabhängigkeitsstreben schmeichelten, und aßen vom Baum der Erkenntnis von Gut und Böse. Diese Zielverfehlung trennte die Menschen aus der innigen Gemeinschaft mit Gott. Dagegen war es Gottes Plan, sie über *seine* Wege und Werke zu unterrichten, damit sie in seinem Sinne getan werden konnten. Doch der Mensch entschied, selbst zu wissen, selbst zu können und sich unabhängig von Gottes Weisung selbst zu verwirklichen, anstatt *Gott* zu gehorchen, sich von ihm beraten und sich von seiner Weisheit und Erkenntnis inspirieren zu lassen.

Wenn wir dieses latent vorhandene ungöttliche Drängen zum eigenen Tun analysieren, stellen wir fest, dass dies letztlich auf mangelnder Identität beruht. Das wiederum führt zur irrigen Annahme, wir könnten uns definieren über eigene Leistung, Anstrengung und die Früchte unseres Tuns.

Dieser Ansatz steht im krassen Gegensatz zu Jesu Aussage, dass wir nicht Knechte und Mägde, sondern Freunde, Söhne und Töchter sind. Wäre es dann nicht ratsam, ihn zu bitten, uns zu lehren Söhne und Töchter zu *sein*.

Solange wir nicht begreifen, dass Sohnschaft das Synonym für Sein und der Schlüssel zum Herzen des liebenden himmlischen Vaters ist, versuchen wir seine Aufmerksamkeit über eigene Leistung zu erlangen. Da das aber nicht möglich ist, suchen wir Anerkennung bei unseren Mitmenschen und lassen uns von *ihnen* für unsere Taten bestaunen.

Warum bloß – frage ich mich – sind wir immer mit der Zweiten wenn nicht gar mit der Dritten Wahl zufrieden, wo uns doch die Erste zustünde. Wären wir doch nur bereit, uns wieder auf Gottes Angebot nach der verlorenen, innigen Gemeinschaft mit ihm einzulassen.

Ich bin überzeugt, der Konflikt zwischen Sein und Tun ist für uns eine der schwierigsten Lektionen, die wir zu lernen haben. Denn gerade dieses Erkennen macht den Unterschied von einem leistungsorientierten, religiös und gesetzlich geprägten hin zu einem freien, erfüllten, fröhlichen und getragenen Christsein aus.

Deshalb ist es viel entlastender, *Gottes* Wege zu gehen und *seine* Werke zu tun, als uns den Frustrationen auszusetzen, die uns auf unseren Abwegen begegnen.

Gott kann sein Wort und sein Wesen nicht verleugnen

Gott kann *sich*, sein Wesen und sein Wort nicht verleugnen. Er ist der, der er ist und hält ein, was er sagt. Er war gestern, ist heute und in alle Ewigkeit derselbe. Er kann und wird sich nie verändern: Einfach deshalb, weil er Gott und kein Mensch ist. Ganz im Gegensatz zu uns ist er vollkommen und hat Veränderung nicht nötig. Wir aber sind nicht Gott, nicht „perfekt" und deshalb darauf angewiesen, in das Bild Jesu hinein verändert zu werden.

Der freie Wille

Eine Sache, die wir unbedingt beachten sollten: Gott respektiert unseren freien Willen. Er wird uns nie irgendetwas abverlangen, was wir Ihm nicht freiwillig geben, bzw. was wir nicht aus freien Stücken tun wollen. Es liegt allein an uns, ob wir ihm erlauben, uns in allen Bereichen beizustehen: *Er* will, aber wollen auch wir? Unter keinen Umständen wird er etwas *gegen* unseren Willen unternehmen. *Wir* bestimmen, auch wenn er Gott ist, inwieweit und wo er intervenieren darf.

Das Thema dieses Buches steht unter den folgenden Prämissen:

Ich bitte Sie, alle Aussagen dieses Buches durch den Filter dieser Prämissen zu sehen. Dann bin ich sicher, dass kein Raum für Selbstvorwürfe, Verdammnis und Anklage gegeben ist.

- Wir können *ohne* ihn nichts tun.
- Gott hat uns *sein- und nicht leistungsorientiert* geschaffen
- Gott *kann* sein Wort und sein Wesen nicht verleugnen.

- Er achtet *unseren* freien Willen und wird dieses Prinzip nie verletzen.

1

Bevor ihr betet – vergebt

Schon die Tatsache, dass einer der Schwerpunkte beim Betenlernen die Vergebung ist, sollte unsere Aufmerksamkeit auf diesen Punkt der Verkündigung Jesu lenken und gleichzeitig dazu animieren, uns intensiv mit dieser Thematik auseinander zu setzen.

Leider wird diesem überlebenswichtigen Thema in manchen christlichen Kreisen ein viel zu geringer Stellenwert eingeräumt. Jesus begann in dem Moment über Vergebung zu lehren, als seine Jünger ihn baten: „Herr, lehre uns beten".

Natürlich habe ich mich gefragt, warum Jesus Vergebung in Zusammenhang mit Gebet erwähnte. Beten ist „sprechen mit dem heiligen Gott", der nur auf das Gebet eines Gerechten hört. Das ist der Grund, weshalb Jesus Vergebung in den Kontext zum Gebet gesetzt hat. Er wollte sicherstellen, dass die Gebete seiner Jünger, Gebete Gerechter sind – folglich von Gott erhört werden können.

> *Johannes 9:31*
> *Wir wissen, dass Gott Sünder nicht hört, sondern wenn jemand gottesfürchtig ist und seinen Willen tut, den hört er.*
> *Jakobus 5:16*
> *... viel vermag eines Gerechten Gebet in seiner Wirkung.*

Ein „Gerechter" entsprechend der biblischen Begrifflichkeit ist jemand, der Vergebung seiner Sünden erlangt hat und sein Leben gemäß den Geboten Jesu lebt.

Gottes Wort nimmt Vergebung und Versöhnung so ernst, dass es nicht einmal erlaubt ist, eine Gabe zu geben, wenn ein Bruder etwas gegen dich hat – selbst das ist Anlass, die betreffende Sache aus dem Weg zu räumen und sich zu versöhnen.

> *Matthäus 5,23-24*
> *Wenn du nun deine Gabe darbringst zu dem Altar und dich dort erinnerst, dass dein Bruder etwas gegen dich hat, so lass deine Gabe dort vor dem Altar und geh vorher hin, versöhne dich mit deinem Bruder; und dann komm und bring deine Gabe dar!*

Ich denke, sehr viel deutlicher kann uns nicht gesagt werden, dass wir uns Gott nur nahen können, wenn wir denen vergeben, gegen die wir irgendetwas haben. Solange wir dieses Prinzip nicht wirklich verstanden haben, werden wir nie erhörlich beten.

> *Markus 11,25*
> *Und wenn ihr steht und betet, so vergebt, wenn ihr etwas gegen jemand habt, damit auch euer Vater, der in den Himmeln ist, euch eure Übertretungen vergebe.*

Sind wir bereit, auf Gottes Gnadenweg einzugehen, wird uns die erstaunlich befreiende Kraft der Vergebung offenbart. Damit ist die Voraussetzung geschaffen, die uns zugesagte Freiheit ganz persönlich zu erleben.

Eines kann ich Ihnen schon jetzt versprechen: Wenn sie wollen, dass die wunderbaren Früchte der Vergebung in Ihrem Leben aktiv werden, sollten Sie von einigen Ihnen lieb gewordenen Vorstellungen Abschied nehmen. Im weiteren Verlauf werden wir diese Punkte näher betrachten.

2

Agape – Das Wesen Gottes in uns

Römer 5:5
... denn die Liebe Gottes ist ausgegossen in unsere Herzen durch den Heiligen Geist, der uns gegeben worden ist.

Gott ist Liebe. Also ist Gott die Liebe in *Person*. Weil Liebe und Gott ein und dasselbe sind, kann er Liebe nicht getrennt von sich weitergeben. Wenn wir *Gott* in uns haben, haben wir *Liebe* in uns und wenn wir in der Liebe sind, sind wir in Gott. Gott und Liebe lassen sich nicht trennen. Wenn Gott nur Liebe *hätte*, könnte er uns eine Portion Liebe geben, uns diese Liebe sozusagen portionsweise zuführen. Weil er jedoch Liebe *ist*, kann er sich selbst und damit auch die Liebe nur vollständig geben. Um unser Problem zu lösen, hat Gott eine schlechthin geniale Antwort gefunden. Er entschloss sich, seine Liebe durch Gott, den Heiligen Geist, in unsere Herzen auszugießen und uns somit an seiner Liebe Anteil haben zu lassen. Diese in uns ausgegossene Liebe ist gemeint, wann immer die Bibel von der Liebe spricht. Wollen wir also verstehen, was Vergebung bedeutet, so gelingt uns das nur, wenn wir die Weite und die Tiefe des biblischen Liebesbegriffs verstanden haben.

Die deutsche Sprache hat keine eindeutig zugeordneten Entsprechungen für die in der griechischen Sprache geläufigen Worte mit ihren unterschiedlichen Inhalten für Liebe: Es handelt sich um drei Worte bzw. Wortgruppen für Liebe, wovon zwei, nämlich agapä, agapao und philia, phileo im griechischen Neuen Testament verwendet werden.

Definition Agape – Liebe[1]

Aus dem Wort Gottes heraus können wir zusammenfassend Agape wie folgt erklären:

Agape ist die Liebe Gottes oder die durch *Gott* bewirkte Liebe im Unterschied zur Philia, der freundschaftlichen Liebe, und zum Eros, der verlangenden oder begehrenden Liebe. Eros wird im Neuen Testament nicht verwendet.

So ist die Agape zunächst die Liebe Gottes zum Menschen, aufgrund derer dann der Mensch in eben jener Agape liebend antworten kann. Gemäß dem zweischichtigen Gebot Jesu ist Agape das freie unspekulative Handeln des Menschen allein für Gott und den Nächsten. Das Neue Testament versteht Agape ganz von Gott her, denn Gott *ist* Agape.

> *1.Johannes 4,8*
> *Wer nicht liebt, hat Gott nicht erkannt, denn Gott ist Liebe.*
> *1.Johannes 4,16*
> *Und wir haben erkannt und geglaubt die Liebe, die Gott zu uns hat. Gott ist Liebe, und wer in der Liebe bleibt, bleibt in Gott und Gott bleibt in ihm.*

1 Definition angelehnt an Lexikon zur Bibel – R. Brockhaus Verlag Wuppertal und Zürich

Was Agape bedeutet, hat Gott primär durch die Sendung seines Sohnes in die Welt offenbart.

> *1.Johannes 4,9*
> *Hierin ist die Liebe Gottes zu uns geoffenbart worden, dass Gott seinen eingeborenen Sohn in die Welt gesandt hat, damit wir durch ihn leben möchten.*

Um also Gott und seinen Nächsten lieben zu können, muss sich der Mensch zuerst *Gottes* Liebe schenken lassen. Ausschließlich vor diesem Hintergrund spricht das Neue Testament auch von der *menschlichen* Liebe als Agape.

> *1.Johannes 4,19*
> *Wir lieben, weil er uns zuerst geliebt hat ...*

Das Wesen der Liebe

Im 1. Korinther 13 ist das *Wesen* der Agape-Liebe beschrieben. Sie ist immer dann gemeint, wenn wir aufgefordert werden, aus Liebe zu handeln. Davon sprechen wir, wenn der Aspekt der Liebe hinsichtlich Vergebung behandelt wird.

> *1.Korinther 13,4 ff*
> *Die Liebe ist langmütig, die Liebe ist gütig; sie neidet nicht; die Liebe tut nicht groß, sie bläht sich nicht auf, sie benimmt sich nicht unanständig, sie sucht nicht das Ihre, sie lässt sich nicht erbittern, sie rechnet Böses nicht zu, sie freut sich nicht über die Ungerechtigkeit, sondern sie freut sich mit der Wahrheit, sie erträgt alles, sie glaubt alles, sie hofft alles, sie erduldet alles.*

In der hebräischen Kultur ist, im Gegensatz zu unserer hellenistisch geprägten, diese altruistische, nicht die freundschaftliche bzw. auf sich selbst ausgerichtete Liebe gemeint.

Nicht *wir* und *unsere* Bedürfnisse stehen im Mittelpunkt, sondern der Fokus hat sich verschoben, auf Gott bzw. unseren Nächsten hin. Zu den prägnantesten Beispielen von Gottes handelnder Liebe zählt, dass er sofort nach dem Sündenfall damit begann, die Voraussetzungen zur Wiederherstellung der ursprünglichen Schöpfungsordnung zu schaffen. Er zeigte der Menschheit unmittelbar nach dem Sündenfall seine Perspektive auf, wie wir aus der selbstverschuldeten Gefangenschaft entrinnen können.

> *1. Mose 3:15*
> *Und ich werde Feindschaft setzen zwischen dir [2][der Schlange] und der Frau, zwischen deinem Samen und ihrem Samen; er wird dir den Kopf zermalmen, und du, du wirst ihm die Ferse zermalmen.*

Tatsächlich war er sofort bereit zu handeln und hat unsere Abkehr von ihm nicht auf sich beruhen lassen, obwohl wir ihm allen Grund dazu gegeben haben.

Sein Wiederherstellungskonzept musste folglich einschließen, uns die *göttlichen* Eigenschaften zurück zu geben, die wir nach dem Sündenfall verloren haben. Ihm war klar, dass wir aus uns selbst heraus nicht fähig sein würden, das Gebot der Liebe auch nur annähernd zu erfüllen. Hinreichende Beispiele dafür können wir in den Berichten des Alten Testaments nachlesen. Dort hatten sich die Menschen noch nach dem Gesetz zu richten. Es hatte die Aufgabe, der Gerechtigkeit Genüge zu tun. Wir können diese Philosophie an der Aussage „Auge um Auge, Zahn um Zahn" verdeutlicht sehen. Das Gesetz seinerseits limitierte die Strafe auf das Maß des angerichteten Schadens. Nach dem Gesetz war es

2 Anmerkung der Verfassers

demnach unmöglich, die Strafe höher anzusetzen als den verursachten Schaden. Sicherlich können Sie sich vorstellen, welche radikale Abkehr von der damaligen Denkweise Jesus in seinen Predigten postulierte. Das Gesetz fordert, dass wir Gott mit unserem ganzen Wesen und Sein, mit unserer ganzen Kraft lieben sollen. Auf die Frage, was denn das *größte* Gesetz sei, antwortete Jesus:

> *Matthäus 22,37-39*
> *»Du sollst den Herrn, deinen Gott, lieben mit deinem ganzen Herzen und mit deiner ganzen Seele und mit deinem ganzen Verstand.«*
> *Dies ist das größte und erste Gebot.*
> *Das zweite aber ist ihm gleich: »Du sollst deinen Nächsten lieben wie dich selbst.«*

Mir klingt förmlich die Frage derer im Ohr, die Jesu Rede hörten; Wie nun in aller Welt, soll *das* denn geschehen? Ihnen erging es doch genauso, wie uns heute. Wir befinden uns zweifelsohne in demselben Dilemma wie die Menschen zur Zeit Jesu. Auf der *einen* Seite erwartet Gott von uns, dass wir unseren Nächsten lieben, wie uns selbst – und das kann durchaus auch unser Feind sein. Gott sei Dank lässt er uns dabei nicht im Regen stehen, sondern bietet uns für dieses Problem die Lösung an. Er selbst hat sich entschlossen, sich an uns zu *verschenken* und zwar dadurch, dass er seine Liebe durch den Heiligen Geist in unsere Herzen ausgießt. Und das tut er, wenn wir nur wollen, immer wieder: Gestern, heute und in Zukunft.

Er ist ein Teil von uns geworden. Und deshalb kann er von uns erwarten, das auszuleben, was er uns gegeben hat. Er würde nie etwas von uns verlangen, was wir nicht auch zu Wege bringen könnten. Er selbst hat uns Menschen ja mit dieser Liebe uneigennützig und hingebend geliebt. Er weiß deshalb, dass auch wir, die schließlich nach seinem Bilde geschaffen wurden, zu dieser Liebe befähigt sind.

Wir stünden wahrscheinlich auf ziemlich wackeligem Boden, wenn wir in Frage stellten, ob das uns von Gott Gegebene überhaupt einsetzbar ist. Vermutlich wäre seine Antwort: „Versuche es, bevor du behauptest, es funktioniert sowieso nicht". Die Liebe, seine Gabe an uns, einzusetzen, genau *das* erwartet er von uns.

3

Die Qualität in der Quantität der Vergebung

Wir werden jetzt die Grundlagen, die *Jesus* gelegt hat, aber auch die weitreichenden Konsequenzen die Vergebungs*unwilligkeit* mit sich bringt, betrachten

Die Qualität der Vergebung – Wem vergeben wir?

> *Matthäus 6:9 – 13*
> *Betet ihr nun so: Unser Vater, der <du bist> in den Himmeln, geheiligt werde dein Name; dein Reich komme; dein Wille geschehe, wie im Himmel so auch auf Erden! Unser tägliches Brot gib uns heute; und* ***vergib uns unsere Schulden, wie auch wir unseren Schuldnern vergeben haben****; und führe uns nicht in Versuchung, sondern errette uns von dem Bösen!*

Dieser Text empfiehlt uns erst gar nicht anzufangen, Gott um Vergebung unserer Schuld zu bitten, wenn wir nicht schon *denen* vergeben haben, die an *uns* schuldig geworden sind. Das

Wort Gottes zeigt diesbezüglich keine Option auf, sondern eine Bedingung auf Gegenseitigkeit. Wenn wir wollen, dass *Gott* uns vergibt, müssen wir zuvor unseren Mitmenschen vergeben. Noch klarer wird das in der nachfolgenden Textstelle beschrieben.

> *Matthäus 6:14 -15*
> *Denn wenn ihr den Menschen ihre Vergehungen vergebt, so wird euer himmlischer Vater auch euch vergeben; wenn ihr aber den Menschen nicht vergebt, so wird euer Vater eure Vergehungen auch nicht vergeben.*

Vergebung ist also nicht auf Menschen *unserer* Wahl begrenzt, den besten Freund, die Lieblingstante – nein, Vergebung ist *jedem* Menschen zu gewähren, ganz egal in welcher Weise er sich an uns vergangen hat. Folglich gelten keine Einschränkungen, weder Sympathie noch Antipathie, weder Gesellschafts-, Verwandtschafts-, Alters-, Rassen- noch kulturelle oder soziale Schranken. Wir sind aufgefordert, *jedem* Menschen zu vergeben.

Die Quantität der Vergebung – Wie oft vergeben wir?

> *Matthäus 18,21-22*
> *Dann trat Petrus zu ihm und sprach: Herr, wie oft soll ich meinem Bruder, der gegen mich sündigt, vergeben? Bis siebenmal?*
> *Jesus spricht zu ihm: Ich sage dir: Nicht bis siebenmal, sondern bis siebzigmal sieben<mal>!*

Petrus hatte eine ausgesprochen fromme Idee und ich könnte mir vorstellen, dass er Jesus damit zeigen wollte, wieviel er schon von seiner Lehre begriffen hatte, als er ihn fragte: „Herr, wie oft soll ich meinem Bruder, der gegen mich sündigt, vergeben? Bis siebenmal?" Dabei muss man wissen, dass es für Hebräer üblich war, seinem Bruder dreimal zu vergeben. Petrus hatte sehr wohl verstanden, dass Jesus Barmherzigkeit lehrte. Sicher dachte er bei sich, wenn ich bereit bin, meinem Bruder die *doppelten* Gnadenerweise zu gewähren und noch einen als Bonus dazulege, könnte er Jesu Barmherzigkeits-Kriterien genügen. Damit wähnte er sich höchstwahrscheinlich auf der sicheren Seite.

Großzügig, fromm und überkorrekt würden bestimmt etliche Menschen Petri Vorschlag beurteilen. Können Sie sich vorstellen, wie erstaunt die Jünger über *Jesu* Antwort gewesen sein dürften? „Nicht siebenmal, sondern siebenmal siebzigmal" – d.h. im Klartext: „Petrus, hör doch endlich auf zu zählen und *vergib* einfach. Vergebung duldet nun einmal keine Begrenzung. Beginne *das* gegenüber anderen zu *leben*, was auch *dir* gewährt wird. Mache aus der Vergebung einen Lebensstil und praktiziere sie".

Ein Beispiel

Ein wirklich drastisches Beispiel zur Verdeutlichung, was Vergebung beinhaltet, sowohl für den, der vergibt als auch für den, der empfängt, zeigt Jesus im Gleichnis vom Schalksknecht.

Sollten wir *nicht* bereit sein, Jesu Anweisungen zu folgen, müssen wir damit rechnen, dass uns dasselbe geschieht, was dem bösen Knecht widerfahren ist. Wir werden nie die Segnungen Gottes erleben, weil wir uns weigern, seine Segenskonditionen zu erfüllen. Ganz im Gegenteil, obwohl wir Kinder Gottes *sind*, würden wir die uns zugedachte Freiheit nicht erleben.

> *Matthäus 18,23-35*
> *Deswegen ist es mit dem Reich der Himmel wie mit einem König, der mit seinen Knechten abrechnen wollte. Als er aber anfing, abzurechnen, wurde einer zu ihm gebracht, der zehntausend Talente schuldete.*

Machen wir uns einmal klar, worüber wir überhaupt sprechen. Am einfachsten lässt sich das Ausmaß der Schuld erklären, wenn wir uns den geschuldeten Betrag in einem zurzeit Jesu gängigen Tageslohn vergegenwärtigen. Ein Arbeiter erhielt pro Arbeitstag 1 Denar. Der Schalksknecht schuldete in diesem Gleichnis dem König 10‘000 Talente. (1 Talent = 6‘000 Denare) Das sind 10‘000 x 6‘000 = 60‘000‘000 Denare. Setzen wir nun die Anzahl der Denare einem Tageslohn gleich, müssten 164‘384 Jahre gearbeitet werden, um diese Schuld zu begleichen. Oder um es noch anschaulicher zu machen. Alle Einwohner einer Stadt, noch größer als Freiburg im Breisgau, müssten über ein Jahr ohne Unterbrechung arbeiten. Erst dann könnte diese Schuld gelöscht werden.

> *Matthäus 18,24-28*
> *Da er aber nicht zahlen konnte, befahl der Herr, ihn und seine Frau und die Kinder und alles, was er hatte, zu verkaufen und <damit> zu bezahlen.*
> *Der Knecht nun fiel nieder, bat ihn kniefällig und sprach: Herr, habe Geduld mit mir, und ich will dir alles bezahlen.*
> *Der Herr jenes Knechtes aber wurde innerlich bewegt, gab ihn los und erließ ihm das Darlehen.*
> *Jener Knecht aber ging hinaus und fand einen seiner Mitknechte, der ihm hundert Denare schuldig war. Und er ergriff und würgte ihn und sprach: Bezahle, wenn du etwas schuldig bist!*

Im Gegensatz zu *seiner* Schuld schuldete ihm sein Mitknecht die vergleichsweise lächerliche Summe von 100 Arbeitstagen. Aber er war nicht bereit, sich darauf einzulassen und gnädig zu sein.

> *Matthäus 18,28-35*
> *Sein Mitknecht nun fiel nieder und bat ihn und sprach: Habe Geduld mit mir, und ich will dir bezahlen.*
> *Er aber wollte nicht, sondern ging hin und warf ihn ins*

> *Gefängnis, bis er die Schuld bezahlt habe. Als aber seine Mitknechte sahen, was geschehen war, wurden sie sehr betrübt und gingen und berichteten ihrem Herrn alles, was geschehen war.*
> *Da rief ihn sein Herr herbei und spricht zu ihm: Böser Knecht! Jene ganze Schuld habe ich dir erlassen, weil du mich batest.*
> *Solltest nicht auch du dich deines Mietknechtes erbarmt haben, wie auch ich mich deiner erbarmt habe?*
> *Und sein Herr wurde zornig und überlieferte ihn den Folterknechten, bis er alles bezahlt habe, was er ihm schuldig war.*
> *So wird auch mein himmlischer Vater euch tun, wenn ihr nicht ein jeder seinem Bruder von Herzen vergebt.*

Sicher würden wir ebenso urteilen, denn dadurch würde der Gerechtigkeit Genüge getan. Wenn einer schon nicht bereit ist, *das* an andere weiter zu geben, was *ihm* gewährt wurde, kann Gnade und Barmherzigkeit nicht mehr das Kriterium sein, nach dem er gerichtet wird. In einem solchen Fall kann nur noch dem Gesetz Genüge getan werden und Gerechtigkeit und Sühne zur Anwendung kommen.

Der Gnadenerweis, der dem Bösen Knecht erwiesen worden ist, wurde durch sein Verhalten aufgehoben. Er selbst hatte ja nicht verstanden, dass Gnade selbstverständlich auch für *den* gilt, der *ihm* etwas schuldete. Wie wir am Beispiel des Schalksknechts sehen, können wir unser Schuldkonto niemals abarbeiten.

Unsere Schuld ist entschieden zu groß und kann duch *keine* Eigen-Leistung aus der Welt geschafft werden. Wir sind deshalb auf *Gnade* angewiesen. Daher ist es in jedem Fall weiser, die uns von Gott angebotene Begnadigung nicht zu verspielen und denen, die an *uns* schuldig geworden sind, das Gleiche zu gewähren.

Zusammenfassend sollten wir uns die folgenden Punkte fest einprägen:

- **Wem muss ich vergeben?**
  Wir haben keine Wahl, wem wir vergeben. Gottes Wort fordert uns auf, jedem Menschen, der an uns schuldig geworden ist, zu vergeben.

- **Wie oft und was muss ich vergeben?**
  Höre einfach auf zu zählen und vergib – ganz egal, was Menschen dir angetan haben mögen.

- **Unsere Wahl**
  Vergebung ist Ihre Entscheidung. Demnach ist es auch Ihre Entscheidung welchem geistlichen Gesetz Sie sich aussetzen, dem des Segens, das Gottes Verheißungen in Ihrem Leben zur Auswirkung bringt oder dem, das zur Gefangenschaft führt und Sie dem Einfluss der Folterknechte überantwortet. Es ist Ihre Entscheidung, sich die Folterknechte vom Leib zu halten.

4

Definition von Vergebung

Wenn wir verstehen wollen, was Vergebung ist, sollten wir beginnen, mit all den irrigen Vorstellungen aufzuräumen, die wir mit Vergebung assoziieren. Das verschafft uns ein klares Bild und zudem die *Grundlage* für unsere Entscheidung.

Fangen wir damit an, zusammenzutragen, was Vergebung *nicht* ist.

Vergeben ist kein Akt der Gerechtigkeit

Ganz entgegen unserem Bedürfnis, wird der Gerechtigkeit durch Vergebung nicht Genüge getan. Da wir vom Baum der Erkenntnis von Gut und Böse gegessen haben und dadurch das Wissen um die Konsequenzen bei Gesetzesübertretungen zu unserer Grundausstattung gehört, ist es unser Bestreben, Übertretungen des Gesetzes grundsätzlich durch Strafen zu ahnden.

Gerade diese für uns hinderliche Prägung, weißt darauf hin, wie wahr der biblische Bericht vom Fall des Menschen ist. Denn nur so ist die tiefe Verankerung unseres Rechts- bzw. Unrechtsbewusstseins in unserer menschlichen Natur zu erklären. Wir wissen, dass Unrecht Strafe nach sich zieht und das losgelöst vom kulturellen, gesellschaftlichen oder sozialen Hintergrund. Das

Wissen um Recht und Gerechtigkeit hat eben darum globale Gültigkeit.

Vergeben heißt nicht Rechtfertigung von Schuld

Ich wurde immer wieder mit Menschen konfrontiert, die in der verdrehten Annahme lebten, wenn sie vergeben, würden sie das Unrecht, das an ihnen begangen wurde, gutheißen. Das dürfte u.a. eine der Hauptblockaden sein, die uns hindert, zu vergeben.

Vergeben ist mit unseren Gefühlen nicht im Einklang

Wir Menschen sind *Geist,* haben eine *Seele* und beide wohnen in einem *Körper.* Durch unsere Bekehrung wurde unser *Geist* wiedergeboren, jedoch nicht unsere Seele oder gar unser Körper. Wir sollten uns vor Augen halten, dass unsere Gefühle in unserer Seele angesiedelt sind. Aber genau in unserem seelischen Bereich liegen die Probleme begründet, mit denen wir kämpfen, weil sich unser fleischliches Wesen mit unserem neugeborenen Geist im Widerstreit befindet und sich mit Regungen des Missfallens meldet.

Vom Missfallen unserer seelischen Regungen über den offenen Konflikt mit unserem Geist ist es nur ein kleiner Schritt bis zur Intervention Satans zu Gunsten unseres *fleischlichen* Wesens. Das geschieht auf verschiedene Weisen. Ich möchte im Folgenden nur diejenigen näher betrachten, die sich auf Vergebung beziehen.

Satan benutzt die drei zuvor besprochenen Punkte in zweierlei Richtung gegen uns. *Erstens* klagt er uns in Situationen an, in denen wir Gottes Nähe bzw. Hilfe besonders nötig haben. Er redet uns ein, dass wir aufgrund unserer mangelnden Vergebungsbereitschaft absolut kein Recht mehr haben, irgendetwas von Gott zu erwarten, geschweige denn zu erhalten.

Zweitens, haben wir uns schließlich doch dazu durchgerungen zu vergeben, schüchtert er uns erneut ein: Und zwar mit dem Vorwurf, wir seien Heuchler, weil wir uns vielleicht nicht danach *fühlen,* vergeben zu haben und schon gar nicht von Herzen.

Das zeigt uns einmal mehr, wie hinterhältig Satan unser Unwissen über biblische Wahrheiten in zerstörerischer Absicht missbraucht, um uns von der Freiheit abzuhalten, die Jesus durch sein Opfer für uns erkauft hat.

Eine Schlussfolgerung zu Ungerechtigkeit und scheinbarer Rechtfertigung

Ein weiterer Aspekt, der mitunter verheerende Folgen für unsere Vergebungsbereitschaft hat, ist unser Gerechtigkeitsempfinden und die vermeintliche Sanktionierung, sprich Gutheißung des Unrechts. Dieses falsche Verständnis kann unser Rechtsempfinden über Vergebung beeinflussen. Dadurch wird Vergebung als ein verstandesmäßig gangbarer Weg ausgeschlossen. Aufgrund derartig falscher Vorgaben ist es nur verständlich, dass es uns anscheinend unmöglich ist, zu vergeben.

Als Zweites wollen wir definieren, was Vergebung ist und was den Charakter der Vergebung kennzeichnet:

Vergeben ist ein Akt des Gehorsams

Der nachfolgende Bibelvers zeigt uns die Richtung, in die wir uns bewegen sollten. Uns bleibt keine Wahl. Sooft wir Vergebung, d.h. Gnade, beanspruchen, müssen wir auch denen, die an *uns* schuldig geworden sind, Gnade erweisen.

> *Matthäus 6,12*
> *... und vergib uns unsere Schuld wie auch wir unseren Schuldigern vergeben haben*

Das Wort Gottes sagt uns ganz klar, wir müssen *zuerst* unseren Schuldigern vergeben haben, bevor wir uns im Gebet an Gott wenden. Wenn wir Gott und sein Wort ernst nehmen, werden wir ihm gehorsam sein und seine Gebote tun. Damit machen wir ganz klar, dass wir Gott nicht nur mit billigen Worten lieben, sondern, dass wir bereit sind, seine Gebote zu befolgen, auch wenn uns zunächst Einiges gegen den Strich geht. Schauen wir doch einmal, wie uns Gottes Wort weiter in diesen Prozess hineinführt.

> *Johannes 14:21 und 23*
> *Wer meine Gebote hat und sie hält, der ist es, der mich liebt; wer aber mich liebt, wird von meinem Vater geliebt werden; und ich werde ihn lieben und mich selbst ihm offenbaren.*
> *Jesus antwortete und sprach zu ihm: Wenn jemand mich liebt, so wird er mein Wort halten, und mein Vater wird ihn lieben, und wir werden zu ihm kommen und Wohnung bei ihm machen.*

Wie wir aus den bereits betrachteten Bibelstellen erkannten, war Jesu Anweisung an seine Jünger sehr klar und unmissverständlich. Sie lautete *vergebt!*

Ihr beweist Eure Liebe zu mir, indem ihr die Gebote, die ich euch gab *tut*. Das wäre der ultimative Beweis, die biblische Liebesaussage wirklich begriffen zu haben. Es geht Jesus darum, *das* umsetzen, was er uns gelehrt hat – Liebe deinen Nächsten. Selbstverständlich kann dieser Nächste auch einer sein, der sich an Ihnen versündigt hat. Trotzdem und gerade dann, müssen wir dem Gebot der Gnade nachkommen.

Vergeben ist ein Akt der Agape-Liebe

> *1.Korinther 13,4 ff*
> *... sie lässt sich nicht erbittern, sie rechnet Böses nicht zu*

Im Gegensatz zu unserer westlich, hellenistisch geprägten Kultur versteht der Hebräer Liebe als eine Handlung und nicht wie in unserem Kulturkreis üblich, vorwiegend als Gefühl.

Haben wir verstanden, dass Gottes Wort vor diesem Hintergrund geschrieben wurde, können wir erfassen, was Gott von uns erwartet, nämlich seine Empfehlungen auch *gegen* unsere Gefühle durchzusetzen. Damit wir Böses nicht ankreiden müssen, bleibt uns nur das völlig andersartige Handeln. Tun wir das nicht, verbittern wir. Sicher ist diese Situation dem einen oder anderen nicht ganz unbekannt. Das einzige Mittel, diese Verbitterung gar nicht erst aufkommen zu lassen, ist Vergebung.

Vergeben ist eine Charaktereigenschaft Gottes

Weil er weiß, dass wir Menschen, auch wenn wir es partout nicht wollen, immer wieder sündigen, müssen wir uns zu *dem* bekennen, was wir sind und was wir getan haben. Nur so kann Gott uns gnädig sein und uns unsere Sünden und Missetaten vergeben.

> *1.Johannes 1,9*
> *Wenn wir unsere Sünden bekennen, ist er treu und gerecht, dass er uns die Sünden vergibt und uns reinigt von jeder Ungerechtigkeit.*

Spricht es nicht für Gott, dass er nichts von uns verlangt, was er nicht *selbst* bereit ist zu tun? Er ist uns auch in dieser Hinsicht nicht nur Vorbild, sondern auch Vorläufer, denn er hat den Preis für die Sühne unserer Schuld bereits bezahlt. Wenn wir willens sind, sein

Angebot anzunehmen, ist er treu und gerecht – er vergibt uns unsere Schuld und reinigt uns von jeder Ungerechtigkeit.

Gott liebt es, Menschen zu vergeben, die sich vor ihm demütigen. Es ist in seinem Wesen verankert, die Auswirkung seines Errettungsplanes allen zugänglich zu machen.

Zusammenfassend halten wir fest:

- Vergeben ist kein Akt der Gerechtigkeit
- Vergeben heißt nicht Rechtfertigung von Schuld
- Vergeben ist nicht mit unseren Gefühlen im Einklang
- Vergeben ist ein Akt unseres Willens
- Vergeben ist ein Akt des Gehorsams
- Vergeben ist ein Akt der Agape-Liebe
- Vergeben ist eine Charaktereigenschaft Gottes

5

Ich kann nicht vergeben

Manche meinen, aus den verschiedensten Gründen, nicht vergeben zu können. Ich habe immer wieder erfahren, dass Menschen in den meisten Fällen bereit sind zu vergeben, wenn sie Gottes Konzept der Vergebung verstanden haben. Damit wählen sie den Weg in die Freiheit.

Erlauben Sie mir, eine herausfordernde These aufzustellen und zu begründen.

Wir sind in der Lage jedem Menschen alles, was er uns jemals antun könnte zu vergeben – aber wir wollen es nicht.

Mangelnde Lehre führt dazu, dass das Volk Gottes leidet

Hosea 4:6
Mein Volk kommt um aus Mangel an Erkenntnis ...

Im Kontext dieser Schriftstelle setzt sich Gott mit den Priestern und Leviten auseinander. Er wirft ihnen vor, dass sie das Volk Gottes nicht entsprechend seinem Wort und Gesetz unterrichten. Es wäre aber ihre Aufgabe gewesen, das Volk über die Gebote Gottes zu belehren, und auf die Folgen von Sünden, Übertretungen und

Versäumnissen aufmerksam zu machen. Sie haben das versäumt und Gott wirft ihnen vor: Weil ihr das nicht tut, weiß mein Volk nicht um die geistlichen Zusammenhänge, was Unterlassungen und Übertretungen meiner Gebote mit sich bringen – deshalb leidet mein Volk aus Mangel an Erkenntnis.

Im Heilungsdienst und der Seelsorgepraxis begegnen mir immer wieder Menschen, die eine grundlegend falsche Vorstellung von Vergebung haben. Manchmal scheint es mir, dass es diesen Menschen genau so ergeht, wie in der Situation, die Hosea beklagt. Sie leiden, weil ihnen nicht gesagt wird, mit welchen praktischen Schritten und Verhaltensweisen sie dem göttlichen Plan entsprechend auf bestimmte Situationen reagieren können.

Vergebung ist in dieser Hinsicht ein Paradebeispiel. Die Unwissenheit über dieses Thema ist erschreckend und beängstigend. Ich bin sicher, Gottes Herz blutet, weil er das Leiden seiner Kinder sieht, die, gefangen von Satan, den Folterknechten ausgeliefert sind und keine Perspektive haben, dieser Misere zu entrinnen. Wieviele haben deshalb resigniert, aufgegeben und klagen Gott an, dass er nicht eingreift, sich nicht über sie erbarmt und keine Lösungen für Nöte, Leiden, Krankheiten und all die übrigen Problembereiche herbeiführt.

Wenn wir diese Ausgangssituationen realistisch betrachten, hat er, wie sein Wort ganz klar bezeugt, alles schon vollbracht, denn genau das hat er am Kreuz von Golgatha getan. Unsererseits ist dem nichts mehr hinzuzufügen.

Nun haben wir aber ein Problem, das meist in der Frage gipfelt, warum denn so viele seiner Kinder unter den Bedrückungen Satans und unter Krankheiten leiden. Ich will nicht unrealistisch klingen, aber wenn alles schon vollbracht *ist*, kann dies doch nicht an Gott liegen. Deshalb sollten wir beginnen, bei *uns* zu suchen. Genau da kommt der oben angesprochene Aspekt des Leidens aus mangelnder Erkenntnis zum Tragen. Das kann seine Ursache in der Anpassung, der Abweichung, der Relativierung aber auch der Vernachlässigung biblischer Wahrheiten haben. Wenn Jahr für

Jahr verkündigt wird, dass sich etwas so und nicht anders verhält, beginnen Menschen genau das zu glauben. Sagt nicht das Wort Gottes, der Glaube, kommt aus der Predigt? – Die Geschichte zeigt eindeutig, dass der Glaube und das Handeln des Menschen, von dem bestimmt wird, dem er sich aussetzt.

Setzen wir uns einem weich gewaschenen Evangelium aus, können wir nicht erwarten, dass wir geheilt, befreit und wiederherstellt werden. Seien wir uns doch bewusst, dass wir nur *das* ernten, was wir säen. Kein Bauer erwartet, dass er Getreide erntet, wenn er Kartoffeln gesetzt hat. Warum glauben wir, dass wir ernten, was wir nicht bereit sind, zu säen? Ich denke, es ist höchste Zeit, sich endlich Gedanken über diese Wahrheiten zu machen, denn wir wollen doch, dass sich bei uns in geistlicher Hinsicht Vieles zum Guten verändert.

Agape-Liebe kontra Willen

Wir haben bereits ausführlich darüber gesprochen, dass Vergebung nicht ein Akt der Gerechtigkeit, sondern ein Akt der Liebe ist. *Der* Liebe, die Gott durch den Heiligen Geist in unsere Herzen ausgegossen hat.

> *1.Korinther 13,4*
> *... sie lässt sich nicht erbittern, sie rechnet Böses nicht zu ...*

Diese Liebe lässt sich nicht erbittern über das, was andere uns angetan haben, sie hält andere Menschen, die uns verletzt haben mögen, nicht in ihrer Schuld gefangen. Über diese Liebe schreibt Petrus, wenn er sagt:

> *1.Petrus 4:8*
> *... denn die Liebe bedeckt eine Menge von Sünden ...*

Wir müssen uns das einmal auf der Zunge zergehen lassen, womit Gott uns ausgestattet hat und was wir damit tun dürfen. Durch Liebe, die sich in *uns* befindet und aus *Gott* kommt, nicht auf sich selbst fokussiert ist, können wir viele Sünden zudecken. Welche Gnade, welcher Anlass Gott zu danken, dass er uns auf diese Weise an seinem Wesen teilhaben lässt.

Ist nicht das schon in sich selbst erstrebenswert und Grund genug, uns in diesem Bereich zu ertüchtigen? Sicher steht die Agape weiterhin im Konflikt mit unserem fleischlichen Wesen. Haben wir aber verstanden, dass wir das von Gott Gegebene anwenden können, er uns das dafür nötige Wollen ins Herz gepflanzt und dann noch bei der Ausführung helfend zur Seite steht – kann uns nichts mehr davon abhalten, die Agape wirklich zu leben.

Römer 13,10
Die Liebe tut dem Nächsten nichts Böses. Die Erfüllung des Gesetzes ist also die Liebe.

Wer ist der Geschädigte?

Verletzungen, die uns zugefügt worden sind, verursachen Schmerzen, ganz besonders, wenn Menschen aus unserem familiären -, sozialen – und geistlichen Umfeld die Täter sind. Das ist verständlich und auch zu erwarten. Wir verstehen die Welt nicht mehr. Wer kann es uns verdenken, dass unser Urvertrauen zu Bruch geht und wir uns fühlen, als ob uns der Teppich unter den Füssen weggezogen wird. Wir fragen uns dann, wo unser Halt und unsere Orientierung geblieben sind?

Aber haben Sie sich schon einmal gefragt, *wen* es eigentlich schmerzt, wenn Sie nicht bereit sind, zu vergeben? Bedenken Sie, in sehr vielen Fällen weiß ja der Übeltäter nicht einmal, dass er gerade Sie verletzt hat. Selbst *wenn* es ihm bewusst wird, kümmert sich kaum einer darum, oder es ist ihm sogar völlig egal.

Wenn Sie ehrlich mit sich selbst sind, erkennen Sie, dass Sie sich letztlich selbst Schaden zufügen – und zwar in doppelter Weise: *Sie* sind es, der unter dem Unrecht leidet und fügen der schon entstandenen Wunde noch eine weitere hinzu, indem Sie nicht vergeben.

Stellen Sie sich einmal vor, Sie grämen sich, Sie belasten ihr Gewissen und binden sich an *den* Menschen, der an Ihnen schuldig geworden ist, indem Sie sich weigern, zu vergeben. Wir haben ja schon darüber gesprochen, dass unsere Vergebungsunwilligkeit uns gefangen hält und uns den Folterknechten aussetzt. Es verhält sich so, als ob wir uns regelrecht an Menschen ketten und uns wundern, dass uns jede ihrer Bewegungen schmerzt. Denn die Wunden, die uns geschlagen wurden, brechen durch *ihre* Bewegungen immer wieder neu auf.

Durch eine unvoreingenommene Analyse können wir eigentlich nur zu dem Ergebnis kommen, uns so schnell wie möglich von diesen Ketten zu befreien und herauszufinden, wie diese Situation zu unseren Gunsten verändert werden kann. Bestrafen Sie sich nicht weiter selbst. Seien Sie gnädig zu sich, lassen Sie los und kommen Sie aus dieser selbst gewählten Gefangenschaft heraus!

Warum wir vergeben können

Gott hat uns mit allem ausgestattet, was wir brauchen, um vergeben zu können.

- Wir sind seine Kinder
  Seine Kinder sind Teilhaber seiner Natur. Wir haben seine DNA. Der Volksmund sagt: „Der Apfel fällt nicht weit vom Stamm“. Das ist die Wahrheit, mit der wir uns anfreunden müssen.

- Seine Liebe ist ausgegossen in unsere Herzen
  Er gibt uns Anteil an seinem Wesen, seiner Liebe, denn sie ist durch den Heiligen Geist in unsere Herzen ausgegossen.

- Er gibt uns das Wollen und ist uns behilflich bei der Umsetzung.
  Gott will, dass wir erfolgreich sind und weil er weiß, dass uns ohne ihn nichts gelingt, hat er den Samen des Willens in unsere Herzen gepflanzt. Er bewässert ihn sogar, sodass wir nicht nur wollen, sondern auch das *tun* können, was wir wollen.

Warum Gott erwartet, dass wir vergeben

Ich denke, darauf können wir mittlerweile kurz und bündig antworten. Er hat uns ausgestattet mit allem, was wir brauchen, um vergeben zu können und er erwartet deshalb von uns, dass wir ihm gehorchen. Gehorchen fällt freilich nicht immer leicht. Aber wenn wir uns zum Gehorsam entscheiden, ernten wir die *Früchte* des Gehorsams.

> *Johannes 14:21 und 23*
> *Wer meine Gebote hat und sie hält, der ist es, der mich liebt; wer aber mich liebt, wird von meinem Vater geliebt werden; und ich werde ihn lieben und mich selbst ihm offenbaren.*
> *Jesus antwortete und sprach zu ihm: Wenn jemand mich liebt, so wird er mein Wort halten, und mein Vater wird ihn lieben, und wir werden zu ihm kommen und Wohnung bei ihm machen.*

- Ich werde ihn lieben und mich selbst ihm offenbaren.

- Wir werden zu ihm kommen und Wohnung bei ihm machen.
  Wenn wir ihm gehorchen, wird er sich uns offenbaren, wir be-

ginnen in eine tiefere Gemeinschaft und Intimität mit ihm hineinzukommen. Wir denken, schon *diese* Zusage sei nicht mehr zu übertreffen, aber es gelingt ihm. Haben Sie verstanden, was er zusagt? Bei Ihnen Wohnung machen heißt – immer bei Ihnen *bleiben*. Was können wir uns mehr wünschen?

Konsequenzen der Verweigerung

Wir würden uns ganz einfach von den göttlichen Segnungen wie Liebe, Freude, Friede, Freiheit ausschließen und uns das miserable Leben eines geknechteten, gepeinigten, unfreien und frustrierten „Christen" einhandeln.

Genauso, wie wir die Frucht des Gehorsams genießen dürfen, müssen wir auch die Frucht des Ungehorsams schlucken. Das ist das exakte Gegenteil dessen, was uns zugesagt wird, wenn wir gehorchen. Im Verweigerungsfall sind unsere Liebesbekenntnisse leere Worte, die durch keinerlei Taten abgestützt werden, denn uns fehlt die Liebe des Vaters, die Nähe zu Jesus und die Gemeinschaft mit dem Heiligen Geist kennen wir bestenfalls aus Büchern, aber nicht aus eigener Erfahrung.

Die Unvereinbarkeit unserer Erfahrungen mit den Verheißungen Gottes scheint sich zur Realität zu verfestigen. Es ist sicher nicht übertrieben, wenn uns dann Verlassenheit, Heilsungewissheit und Frustration über unser klägliches, kraft- und siegloses Christsein quälen.

Warum wundern wir uns eigentlich, wenn schließlich geschieht, was Gott uns vorhergesagt hat? Warum wundern wir uns, dass wir die Konsequenzen unseres Handelns zu tragen haben? Sagt Gott nicht in seinem Wort, dass er *hält*, was er verspricht? Denken wir doch bitte nicht, diese Aussagen würden nur auf die „guten" Verheißungen zutreffen. Nein, sein Wort hat in *jedem* Bereich Gültigkeit: Es gilt auch in den Bereichen, die für uns *nicht* angenehm sein mögen. Dann für das Eintreffen des Negativen Gott zu beschuldigen, wäre infantil, denn in seinem Wort macht er uns ja unmissverständlich auf die Folgen unseres Handelns aufmerksam. Sowohl auf die Segnungen als Folgen des Gehorsams, als auch auf die des Ungehorsams, die Missgeschicke und Flüche in unserem Leben freisetzen.

Konsequenz der Gesetzesüberschreitung

Warum erwarten wir, dass *geistliche* Prinzipien bei uns *nicht* wirksam sind und wir uns nicht nach diesen *geistlichen* Gesetzen zu richten brauchen? Genauso wenig wie wir das Naturgesetz der Gravitation durch Imagination außer Kraft setzen können, sind wir in der Lage, geistliche Gesetze aus den Angeln zu heben.

Einmal angenommen wir machen die Probe auf´s Exempel: Wir stellen uns auf die Kante einer Steilwand und springen, in der Erwartung zu fliegen. Unser „Flug" endet unweigerlich mit einer sehr unsanften Landung. Wenn schon das von Gott etablierte Gesetz der Gravitation für jeden gilt, warum glauben wir dann, dass ausgerechnet die für uns sehr viel wichtigeren *geistlichen* Gesetze keine oder nur beschränkte Gültigkeit haben? So, wie die Verletzung des Gravitationsgesetzes jeden straft, der mutwillig seine Gültigkeit ignoriert, werden auch Verstöße gegen geistliche Gesetze harte Konsequenzen nach sich ziehen.

Solange wir nicht gewillt sind zu vergeben, werden Folterknechte unausweichlich auf unser Leben Zugriff haben. Wir sollten uns nicht wundern, wenn physische und psychische Leiden als Folgen des Zerstörungswerks von Groll und Verbitterung auftreten, die weder medizinisch noch psychologisch erklär- und therapierbar sind.

Jesus hat im Gleichnis des Schalksknechtes verdeutlicht indem er sagte:

... und überlieferte ihn den Folterknechten ..

Wir haben faktisch keine Möglichkeit, diese Schuld abzutragen. Der einzige Ausweg ist, den Weg Jesu einzuschlagen – nämlich den der Vergebung.

Was sind Folterknechte?

> *Matthäus 18:34*
> *Und sein Herr wurde zornig und überlieferte ihn den Folter-Knechten, bis er alles bezahlt habe, was er ihm schuldig war.*

Lasst uns Gottes Wort auch in dieser Hinsicht ernst nehmen. Wenn Gott sagt, dass er uns den Folterknechten überliefert, sollten wir uns unbedingt einmal vor Augen halten, was das überhaupt bedeutet. Zuerst sollten wir uns Klarheit darüber verschaffen, wer Folterknechte sind bzw. was sie mit denen tun, die ihnen ausgeliefert werden. Folterknechte sind raue, skrupellose, gewalttätige, oftmals sogar sadistisch veranlagte und von der Gesellschaft zu Recht Geächtete. Niemand möchte mit ihnen etwas zu tun haben, weder persönlich und schon gar nicht in ihrem spezifischen Tätigkeitsbereich. Folterknechte tun genau das, was ihr Name aussagt – sie foltern. Das erstreckt sich sowohl auf die physische als auch auf die psychische Ebene der Gewaltanwendung.

Wie oft sind mir Menschen begegnet, deren körperliche und seelische Leiden und Nöte jeden erbarmten, der mit ihnen näher in Kontakt kam. Sie sahen für sich absolut keinen Weg aus diesem Dilemma, denn es gelang ihnen nicht, den Sieg Jesu über Sünde, Krankheit, Leiden und Notstände für ihre Ausweglosigkeit in Anspruch zu nehmen. Wenn wir über Folterknechte sprechen, so glaube ich, dass sie jedem Menschen auf ganz unterschiedliche Art zusetzen. Für die einen mag es sich um geistliche Nöte, Schwierigkeiten, Bindungen handeln, für andere mögen es seelische Probleme sein und für Dritte äußert sich das Werk dieser Peiniger in körperlichen bzw. psychosomatischen Beschwerden.

Eines ist indes sicher, das Wort Gottes ist und bleibt wahr. Gott hat den Folterknechten als Konsequenz unserer Vergebungsverweigerung ausdrücklich das Recht eingeräumt, uns quälen zu dürfen. Sollten wir seine Aussage nicht ernst nehmen und alles in unserer Macht stehende tun, damit sie sich nicht an uns vergreifen dürfen. Ich kann mir einfach nicht vorstellen, dass irgendjemand darauf versessen ist, sich den Konsequenzen eines gnadenlosen Handelns leichtfertig auszusetzen. Eigentlich müsste jeder erkennen, dass er es selber in der Hand hat, ob die Folterknechte seinem Leben fernbleiben oder ihnen legitimer Zutritt gegeben wird.

Wenn wir die Bedingung der gegenseitigen Vergebung nicht erfüllen, begeben wir uns ganz automatisch in die Folterkammer, aus der es aus eigener Kraft kein Entrinnen mehr gibt. Unsere Bekehrung bedeutet nicht, dass Gott seine Forderung an uns fallen lässt,.andere zu begnadigen. Im Gegenteil – Vergebung ist Heilsbedingung.

Keine Heilsgewissheit

Ich bin in meiner Seelsorgepraxis mit unzähligen Menschen in Berührung gekommen, die Jesus als ihren Herrn und Heiland angenommen hatten. Trotzdem fehlte ihnen die Heilsgewissheit und die daraus hervorgehende Freiheit, die uns doch Jesus in seinem Wort versprochen hat

> *Matthäus 6,14 -15*
> *Denn wenn ihr den Menschen ihre Vergehungen vergebt, so wird euer himmlischer Vater auch euch vergeben; wenn ihr aber den Menschen nicht vergebt, so wird euer Vater eure Vergehungen auch nicht vergeben.*

Jesus hat uns übrigens an zwei unterschiedlichen Stellen darauf aufmerksam gemacht, dass uns unser himmlischer Vater vergibt, wenn *wir* vergeben. Er sagt uns aber auch, dass er uns nicht vergeben wird und kann, wenn wir es ablehnen zu vergeben. Wird uns durch unsere Vergebungsunwilligkeit nicht vergeben, kann uns der Heilige Geist auch nicht bestätigen, dass *uns* vergeben ist. Daraus resultiert die zermürbende Ungewissheit, ob wir Vergebung erlangt haben. Das genau heißt, ohne Heilsgewissheit leben zu müssen.

Schlechtes Gewissen

Gewissen bedeutet Mitwissen – die jedem Menschen verliehene Mitwisserschaft in Bezug auf Unrecht und Schuld. Im Menschen wohnt ein Mitwisser seines Verhaltens. Das Gewissen kann als Stimme des inneren Menschen verstanden werden, das als Zeuge für oder gegen ihn auftritt und seine Gedanken bzw. Werke beurteilt.

> *Römer 2,15*
> *Sie beweisen, daß das Werk des Gesetzes in ihren Herzen geschrieben ist, indem ihr Gewissen mit Zeugnis gibt und ihre Gedanken sich untereinander anklagen oder auch entschuldigen.*
> *Römer 9,1*
> *Ich sage die Wahrheit in Christus, ich lüge nicht, wobei mein Gewissen mir Zeugnis gibt im Heiligen Geist ...*

Dementsprechend ist im Neuen Testament von einem bösen oder guten, bzw. reinen Gewissen die Rede. Eben wegen des uns verliehenem Sündenbewußtseins ist eine Reinigung vom bösen Gewissen unerlässlich.

> *1.Timotheus 1,5*

Das Endziel der Weisung aber ist Liebe aus reinem Herzen und gutem Gewissen und ungeheucheltem Glauben.

Hebräer 10,22

... so laßt uns hinzutreten mit wahrhaftigem Herzen in voller Gewißheit des Glaubens, die Herzen besprengt <und damit gereinigt> vom bösen Gewissen und den Leib gewaschen mit reinem Wasser.

Entscheidend für die Funktion des Gewissens ist die Instanz, auf die es bezogen ist: Bei den Heiden in Form eines inneren Wissens um das Gesetz als einer vorgegebenen Ordnung (Röm 2,15), bei Christen in Gestalt des Bewußtseins, vor Gott nach seinen Maßstäben zu leben.

Wenn uns also unser Gewissen dafür verurteilt, dass wir Gottes Willen kennen, aber seinem Wort nicht gehorsam sind, wie können wir dann erwarten, dass unsere Seele Frieden und Ruhe in Gott findet. Unser Gewissen ist nun einmal aktiv und nicht einfach abzuschalten. Uns mag es zwar gelingen, unser Gewissen zu entmündigen, aber dadurch haben wir noch lange kein reines oder gar gutes Gewissen, wir haben uns lediglich entschlossen, nicht mehr auf die warnende innere Stimme zu hören.

1.Timotheus 1,19

... indem du den Glauben bewahrst und ein gutes Gewissen, das einige von sich gestoßen und <so> im Hinblick auf den Glauben Schiffbruch erlitten haben;

Ist es uns gelungen unser Gewissen zum Schweigen zu bringen, weden wir nicht nur auf Frieden und Ruhe verzichten müssen, sondern wir haben darüberhinaus den inneren Navigator abgestellt, der uns die Richtung zu Gott hin weist.

1.Timotheus 4,2

... durch die Heuchelei von Lügenrednern, die in ihrem eigenen Gewissen gebrandmarkt sind ...

Nicht selten machen wir uns vor, richtig bzw. gerecht zu handeln, erkennen aber nicht, dass wir uns schon verirrt haben. Schlicht und ergreifend gesagt, wir lügen uns etwas in die Tasche und tun so, als müsse sich alles so verhalten, wie wir es gerne hätten. Dabei verdrängen wir nur die Realität und werden gerade deshalb von unserem Gewissen gebrandmarkt.

Freudlosigkeit

Der Stimme Gottes nicht zu gehorchen, zieht außerdem unweigerlich den Verlust der Freude Jesu nach sich. Es ist sicher nicht übertrieben, diesen Verlust als das Fallen aus der „ersten Liebe" zu bezeichnen. Uns würde dasselbe widerfahren wie David.

Psalm 51,14
Laß mir wiederkehren die Freude deines Heils, und stütze mich mit einem willigen Geist!

Durch Buße und Umkehr fand er schließlich wieder zurück zur Freude des Heils. Auch für uns ist allein dies der Weg, um aus der Freudlosigkeit und Anklage herauszufinden, die uns befällt, sowie wir vom Weg des Heils abgewichen sind. Vergessen wir auf keinen Fall Gottes Zusage. Es sind mächtige, zuverlässige Waffen, die uns Gott anvertraut hat, damit wir unseren Weg erfolgreich beenden können. Es gibt absolut keinen Anlass und auch keine Notwendigkeit, darauf zu verzichten, denn ohne diese Ausrüstung wären wir den Angriffen Satans schutz- und wehrlos ausgeliefert.

Galater 5,22

Die Frucht des Geistes aber ist: Liebe, Freude, Friede, Langmut, Freundlichkeit, Güte, Treue, Sanftmut und Keuschheit
Römer 15,13
Der Gott der Hoffnung aber erfülle euch mit aller Freude und allem Frieden im Glauben, damit ihr überreich seiet in der Hoffnung durch die Kraft des Heiligen Geistes!

Keine Intimität mit Jesus

Ich denke, die mangelnde Nähe zu Jesus ist wahrscheinlich das erste, was wir bewusst wahrnehmen. Unsere Distanz, die wir auch gefühlsmäßig mitbekommen, kühlt unsere Liebe zu Jesus merklich ab. Als Beispiel möchte ich Sie an ein Holzkohlenfeuer erinnern. Es geht uns dann wie einer rotglühenden Kohle, die sich, getrennt vom Rest der glühenden Kohlen, langsam aber stetig abkühlt. Auch zwischen uns und Jesus entwickelt sich eine Distanz, wenn wir nicht bereit sind, *das* zu tun, was er in seinem Wort von uns verlangt. Diese Distanz verursacht ganz zwangsläufig, dass unsere Liebe zu ihm langsam aber sicher erkaltet.

Hat dieser Prozess erst einmal begonnen, brauchen wir sehr viel mehr Energie, dahin zurückzukommen, von wo wir uns entfernt haben. Also warum nehmen wir diesen Extraaufwand in Kauf, den damit verbundenen Verlust an Zuwendung, Anerkennung und Geborgenheit sowie nicht zuletzt den Zeitverlust. Wir hätten doch die Möglichkeit, gleich Gottes Weg zu folgen, indem wir tun, was er gesagt hat.

Resignation

Wem sind Situationen in seinem Leben fremd, in denen alles zu viel wird, wir alle guten Vorsätze über Bord werfen und uns letztendlich treiben lassen? Sicher reagiert nicht jeder so, aber warum haben so viele den Weg mit Jesus begonnen, um dann sang- und klanglos von der Bildfläche zu verschwinden?

Ich bin mir sicher, ein Grund dafür ist, dass sie nicht bereit waren, diese erkannten Wahrheiten in ihrem Leben umzusetzen. Zwar hörten sie etwas über Gottes Wahrheiten, aber es blieb leider beim Hören und wurde nicht in die Tat umgesetzt. Das Wort Gottes führt uns vor Augen, dass es keinesfalls beim Nur-Hören bleiben darf.

Sind wir nicht bereit, das Gehörte umzusetzen, ist der Tag nicht fern, an dem wir resignieren und Jesus den Rücken zukehren, weil wir die Segnungen, die uns verheißen sind, nicht erleben. Dabei haben wir ganz außer Acht gelassen, dass eben auch unsererseits einige Konditionen erfüllt sein müssen.

Schlussfolgerung

Wenn wir uns jedoch all dessen bewusst sind, ist es nicht mehr logisch, zu sagen – ich *kann* nicht vergeben. Fakt ist vielmehr – ich *will* nicht vergeben!

Zusammenfassend halten wir noch einmal fest:

Mangelnde Lehre – führt dazu, dass das Volk Gottes leidet

Setzen wir uns einem weich gewaschenen Evangelium aus, dürfen wir nicht erwarten, dass die Kraft der Botschaft uns heilt, befreit und wiederherstellt. Ich denke, es ist höchste Zeit, sich endlich Gedanken über eben diese Wahrheiten zu machen, denn wir wollen doch, dass sich bei uns in geistlicher Hinsicht manches zum Guten hin verändert.

Agapeliebe kontra Willen

Sicher steht die Agape weiterhin im Konflikt mit unserem fleischlichen Wesen. Lernen wir also das anzuwenden, was Gott uns gegeben hat! Er hat uns das dafür nötige Wollen ins Herz gepflanzt und hilft uns überdies noch bei der Ausführung – was mehr können wir erwarten?!.

Wer ist der Geschädigte?

Ein unvoreingenommenes Nachdenken kann eigentlich nur zu dem Ergebnis führen, dass wir uns so schnell wie möglich von diesen Ketten befreien und herausfinden sollten, wie diese Situation zu unseren Gunsten verändert werden kann. Bestrafen Sie sich nicht weiter selbst. Seien Sie gnädig zu sich, lassen Sie los und kommen Sie aus dieser selbst gewählten Gefangenschaft heraus!

Warum können wir vergeben und warum erwartet Gott, dass wir vergeben?

Wir sind seine Kinder und seine Kinder sind nun einmal Teilhaber seiner Natur. Wir haben seine DNA. Das ist die Wahrheit, mit der wir uns anfreunden dürfen. Er gibt uns Anteil an seinem Wesen, an seiner Liebe, denn sie ist durch den Heiligen Geist in unsere Herzen ausgegossen.

Konsequenzen der Verweigerung

Warum eigentlich wundern wir uns, wenn das geschieht, was Gott uns vorhergesagt hat? Warum wundern wir uns, dass wir die Konsequenzen unseres Handelns zu tragen haben? Gott sagt in seinem Wort, dass er *hält*, was er verspricht? Diese Aussagen treffen nicht nur auf die „guten" Verheißungen zu, sondern sein Wort hat in *jedem* Bereich Gültigkeit; es gilt auch dort, wo es für uns *nicht* angenehm sein mag.

Konsequenz der Gesetzesüberschreitung

So, wie die Verletzung des Gravitationsgesetzes jeden straft, der mutwillig seine Gültigkeit ignoriert, werden auch Verstöße gegen geistliche Gesetze ebenso harte Konsequenzen nach sich ziehen.

Folterknechte

Wenn wir die Bedingung der gegenseitigen Vergebung nicht erfüllen, begeben wir uns ganz automatisch in die Folterkammer, aus der es aus eigener Kraft kein Entrinnen mehr gibt. Unsere Bekehrung bedeutet nicht, dass Gott seine Forderung an uns fallen lässt, andere zu begnadigen. Im Gegenteil – Vergebung ist Heilsbedingung.

Keine Heilsgewissheit

Wird uns durch unsere Vergebungsunwilligkeit nicht vergeben, kann uns der Heilige Geist auch nicht bestätigen, dass uns vergeben *ist*. Daraus resultiert die zermürbende Ungewissheit, ob wir Vergebung erlangt haben. Das genau heißt, *ohne* Heilsgewissheit leben zu müssen.

Schlechtes Gewissen

Nicht selten machen wir uns vor, richtig bzw. gerecht zu handeln, erkennen aber nicht, dass wir uns schon verirrt haben. Schlicht und ergreifend gesagt, wir lügen uns etwas in die Tasche und tun so, als müsse sich alles so verhalten, wie wir es gerne hätten. Dabei verdrängen wir nur die Realität und werden gerade deshalb von unserem Gewissen gebrandmarkt.

Freudlosigkeit

Es gibt absolut keinen Anlass und auch keine Notwendigkeit auf Freude zu verzichten, denn ohne diese Ausrüstung wären wir den Angriffen Satans total ausgeliefert.

Keine Intimität mit Jesus

Zwischen uns und Jesus entwickelt sich eine Distanz, wenn wir nicht bereit sind, *das* zu tun, was er in seinem Wort von uns fordert. Diese Distanz verursacht zwangsläufig, dass unsere Liebe zu ihm langsam aber sicher erkaltet.

Resignation

Weigern wir uns, das Gehörte umzusetzen, ist der Tag nicht fern, an dem wir resignieren und Jesus den Rücken zukehren, weil wir die Segnungen, die uns verheißen sind, nicht erleben. Dabei haben wir ganz außer Acht gelassen, dass eben auch unsererseits einige Konditionen erfüllt sein müssen.

6

Ausräumen von Vergebungshindernissen

Wir haben verstanden, dass es sich bei Vergebung nicht um eine Gefühlsache, sondern um eine Angelegenheit des Willens und des Gehorsams handelt. Nun könnten wir trotzdem noch ein Problem damit haben, dass sich unsere Seele gegen unsere Entscheidung auflehnt und uns in konstante Unruhe versetzt. Wir wissen ja, dass Vergebung nicht ein Akt der Gerechtigkeit, sondern ein Akt der Liebe und Gnade ist und deshalb emotionale Probleme mit der Vergebung nicht auszuschließen sind.

Schauen wir uns also die einzelnen Problembereiche einmal näher an:

Vergebung heißt nicht, dass Unrecht gutgeheißen wird

Uns muss bewusst werden, dass geschehenes Unrecht nicht dadurch gutgeheißen wird, indem wir einem Täter gnädig sind. Unrecht ist und bleibt Unrecht, auch dann, wenn Vergebung ausgesprochen wurde.

Zur Veranschaulichung möchte ich ein Beispiel aus eigener Erfahrung schildern. Meine Frau und ich besuchten in den späten 80er Jahren Budapest, um mit den örtlichen Gemeinden einen Evangelisationseinsatz zu planen. Ich erinnere mich noch an einen wunderschönen sonnigen Herbsttag. Er animierte uns, ein paar Stunden für eine Stadtbesichtigung zu nutzen. Auf unserem Spaziergang kamen wir in eine sehr belebte Einkaufsstraße. Dort muss ein Trickdieb die Tasche meiner Frau mit unserem gesamten Bargeld ausgeräumt haben. Jedenfalls war unsere gesamte Reisekasse „futsch".

Wir trafen zwar diesen Menschen nie, haben ihm aber vergeben. Dadurch gingen wir gnädig mit ihm um, was allerdings nicht das Geringste am Unrecht seiner Tat änderte – das ist und bleibt so.

Unrecht ist auch in Gottes Augen unrecht

Ebenso wie dieser Diebstahl in Gottes Augen falsch war, ist auch jedes an Ihnen verübte Unrecht in Gottes Augen verwerflich und verdient bestraft zu werden. An diesem Punkt muss jetzt Jesu Kreuzestod zur Sprache kommen. Und da wir *alle* in irgend einer Weise gegen Gottes Gesetze verstoßen haben, sind auch wir ausnahmslos schuldig.

> *Hebräer 9,22*
> *... und ohne Blutvergießen gibt es keine Vergebung.*
> *3. Mose 17,11*
> *Denn das Leben (die Seele) des Fleisches ist im Blut, und ich selbst habe (es) euch das Leben auf den Altar gegeben, Sühnung für eurer Leben (Seelen) zu erwirken. Denn das Blut ist es, das Sühnung tut durch das Leben (die Seele) im Blut.*

Weil *Schuld* eben vor Gott nur durch *Blut* gesühnt und getilgt werden kann, wären wir dem Tod verfallen, hätte Jesus nicht stellvertretend für uns all unsere Schuld auf sich geladen.

Bedenken Sie bitte, dass nicht nur derjenige, der *Ihnen* Unrecht zufügt, gegen Gottes Gebote verstoßen hat, sondern nicht sellten auch Sie. Wer das aber tut, verfällt dem Gericht.

Römer 6, 23
Denn der Lohn der Sünde ist der Tod ...

Schlagen wir uns doch den Gedanken aus dem Kopf, wir hätten nicht annähernd so schreckliche Sünden begangen wie Andere. Weit gefehlt: Alles was bei Gott zählt, ist, ob wir seine Gebote gehalten oder übertreten haben. Nirgendwo in seinem Wort finden wir eine Aussage darüber, dass wir die Grenzlinie seiner Weisungen auch nur minimal überschreiten dürfen.

Stellen Sie sich vor, Sie sind Schütze und nehmen an einem Wettbewerb teil. Der Jury wird es nicht im Traum einfallen, sich mit Ihnen in eine Diskussion darüber einzulassen, um wie *viel* Sie das Ziel verfehlt haben. Daneben ist eben daneben. Das Kriterium eizig und allein, ob Sie getroffen haben oder nicht.

Zurück zum Thema. Weil wir tatsächlich *alle* schuldig sind, haben wir überhaupt kein Recht, mit dem Finger auf andere zu zeigen. Nicht vergessen: Wenn Sie mit einem Finger auf andere zeigen, zeigen deren drei auf Sie zurück.

Es gibt einfach kein Recht, auf das wir uns berufen könnten, andere anklagen bzw. ihnen die *uns* gewährte Gnade vorenthalten zu dürfen. Gott erwartet von uns, dass wir vergeben und das Richten ihm überlassen, selbst dann, wenn das Geschehene auch vor ihm als Unrecht eingestuft wird.

Wir sollten uns immer über Folgendes bewusst sein: Gott kann sich nur um Unrecht kümmern, das *Ihnen* widerfahren ist, wenn Sie gewillt sind, *ihm* die Angelegenheit zu überlassen. Das aber geschieht glaubhaft durch Vergebung. Allein sie ermöglicht es Gott, in einer spezifischen Situation zu intervenieren und sie für beide Seiten zum Guten zu wenden.

Ich gewähre dem, der an mir schuldig geworden ist, Gnade

Gnade gewähren heißt, sich vor Gott demütigen.

> *1. Petrus 5,5*
> *Denn »Gott widersteht den Hochmütigen (Stolzen), den Demütigen aber gibt er Gnade«.*

Gott gibt dem Demütigen Gnade, dem Stolzen jedoch widersteht er. Denken wir diesen Gedanken einmal konsequent zu Ende – das bedeutet doch, wenn wir zur Vergebung nicht bereit sind, sind wir einfach nicht demütig, also *widersteht* uns Gott. Ich für meinen Teil möchte lieber, dass mir *Satan* widersteht und nicht der lebendige Gott, denn gegen *seinen* Widerstand ist *kein* Kraut gewachsen.

Durch Gnade begebe ich mich auf die Seite der Empfangenden und überlasse *Gott* den Platz des Richters, der ausschließlich ihm gebührt. Ich setze mich nicht länger auf den Thron und spiele Gott, sondern erkenne meine Abhänigkeit von der Gnade und Liebe des Allmächtigen an.

Halten wir uns stets vor Augen: Wer Vergebung gewährt, eröffnet sich damit den Zugang zu *Gottes* Gnade, die sich nie verbraucht. Sie gebiert Leben, Freude und Frieden. Sie sättigt gleichsam unseren Alltag mit seinem Wohlwollen.

Gefühl und Vergebung

Im vorausgegangenen Abschnitt ... haben wir uns schon mit der „Trinität" des Menschen befasst. Darum möchte ich hier nur mehr die Essenz aufzeigen: Sie rundet das Bild ab.

Gefühl und Vergebung sind in sich selbst schon ein Widerspruch. Wenn wir auf unsere Gefühle achteten, wären wir wahrscheinlich nie bereit zu vergeben. In unseren Gefühlen sind wir Menschen ausgesprochen unstet. Die einzig unveränderliche Instanz unseres Seins ist unser wiedergeborener Geist. Und er allein ist von Gott damit beauftragt, zu vergeben. Diese Aufgabe gilt es zu erledigen, trotz konstanter, emotionaler Verneinung.

Halten wir fest: Vergebung ist *keine Gefühlsangelegenheit*, sondern ein Auftrag an unseren neuen, zum Leben erweckten Geist. Diesen Auftrag zu erledigen, den Willen zum Gehorsam aufzubringen – daraus lässt sich eindeutig ableiten, dass Vergebung ein Willens- und Gehorsamsakt ist, der unserer verletzten Seele total *gegen* den Strich geht.

Gerechtigkeit und Vergebung

Aus diesen Statements geht meines Erachtens klar genug hervor, dass der Gerechtigkeit durch Vergebung *nicht* Genüge getan wird. Der Sinn der Vergebung beinhaltet eben absolut keine Gerechtigkeitsaspekte. Vielmehr behandelt Vergebung unsere Mitmenschen nur *so*, wie auch *wir* behandelt werden wollen. Gottes Wort ist ganz eindeutig, wenn es sagt:

> *Lukas 6,38*
> *... denn mit demselben Maß, mit dem ihr meßt, wird euch wieder gemessen werden.*

Sooft wir für uns selbst beanspruchen, dass *uns* vergeben wird, sind auch wir gehalten, alle Anderen mit demselben Maß zu messen. Gott erlaubt uns nicht, mit unterschiedlichen, willkürlichen Maßen zu messen. Diejenigen, die so etwas tun, nennt er Heuchler. Sehen wir doch Jesu ununterbrochene Auseinandersetzung mit den Pharisäern an. Sie zielte im Grunde genommen auf nichts anderes, als ihrer Heuchelei das Wasser abzugraben.

> *Lukas 11,46*
> *Er aber sprach: Auch euch Gesetzesgelehrten: Wehe! Denn ihr belastet die Menschen mit schwer zu tragenden Lasten, und selbst rührt ihr die Lasten nicht mit einem eurer Finger an.*

Sie legten dem Volk Lasten auf, die zu tragen sie selbst nicht gewillt waren und die in Gottes Anweisungen auch nicht vorgesehen waren.

Hören Sie jetzt bitte genau zu. Allein dadurch, dass wir die ganze Angelegenheit in Gottes Hände übergeben, wird letztendlich auch der Gerechtigkeit Genüge getan. Denn Gott *ist* ein gerechter Richter. Nur geschieht die Bereinigung der ganze Sache ohne *unser* Zutun.

Wo ein Wille ist, da ist ein Weg

„Vergib" ist ein Befehl. Einen Befehl auszuführen – das ist eine Gehorsams- und Willensangelegenheit. Gott sagt uns recht eindeutig, dass wir uns nicht danach *fühlen* müssen, sondern *tun* sollen, was er sagt. Neben dem „Motivator" Liebe ist unser Wille die entscheidende Instanz, die uns dazu befähigt, im Gehorsam gegenüber Gottes Wort Vergebung schließlich zu praktizieren.

Zusammenfassung:

- **Vergebung heißt nicht, dass ich mit Unrecht einverstanden bin**
  Dem Täter gnädig sein, heißt keinesfalls, das geschehene Unrecht gutzuheißen. Unrecht ist und bleibt Unrecht, auch dann, wenn Vergebung ausgesprochen wurde.

- **Unrecht ist auch in Gottes Augen Unrecht**
  Jedes an Ihnen verübte Unrecht ist auch in Gottes Augen Unrecht und verdient Strafe.

- **Ich gewähre dem, der an mir schuldig geworden ist, Gnade**
  Halten Sie sich das immer vor Augen: Wenn Sie Vergebung gewähren, eröffnen Sie sich den Zugang zu Gottes Gnade. Seine Gnade verbraucht sich nicht. Sie bringt immer wieder auf´s Neue Leben, Frieden und Freude und sein Wohlwollen umgibt uns sozusagen von allen Seiten.

- **Gefühl und Vergebung**
  Gefühl und Vergebung sind in sich selbst schon ein Widerspruch. Gäben wir unseren Gefühlen nach, wären wir wahrscheinlich nie bereit zu vergeben.
  Ich wiederhole: Vergebung ist keine Gefühlsangelegenheit, sondern ein Auftrag an unseren neuen, zum Leben erweckten Geist. Einen Auftrag erledigen heißt jedoch: „Ich muss willens sein zu gehorchen“.

7

Im Karussell der Emotionen

Ein Grundproblem mit dem wir zu kämpfen haben, ist Gottes unmissverständliche Anweisung in seinem Wort, dass wir vergeben müssen, wenn auch uns vergeben werden soll. Darum müssen wir uns einfach bewusst machen, Vergebung basiert niemals auf Gefühlen. Ob wir also vergeben oder nicht, sollten wir keinesfalls unseren Emotionen überlassen.

Satan spielt auf der Klaviatur unserer Gefühle

Zuerst versucht er, uns von der Vergebung abzuhalten, in dem er uns mit ständig wechselnden Begründungen vortäuscht, dass wir gar nicht vergeben können. Solange wir noch nicht vergeben haben, klagt er uns an, dass wir überhaupt kein *Recht* haben, uns Gott zu nähern, geschweige denn etwas von ihm zu erwarten, weil wir doch in der Unversöhnlichkeit verharren. Sobald wir diese List Satans durchschaut haben und schließlich doch vergeben, verwendet er exakt die ausgesprochene Vergebung *gegen* uns und versucht uns einzureden, wir hätten gar nicht vergeben, denn unsere Gefühle würden uns das ja bezeugen. Das ist eine seiner typischen Strategien. Zuerst die Anklage, weil wir das *Richtige* nicht tun und dann, weil wir das Notwendige seiner Meinung nach nicht *richtig* tun. Ein echter Teufelskreis, in den man dann gerät.

Die beste Überwindungsstrategie liefert uns erneut das Wort Gottes:

> *Jakobus 4,7*
> *Unterwerft euch nun Gott! Widersteht aber dem Teufel! Und er wird von euch fliehen.*

Lassen Sie sich bitte auf keinen Fall zum Kampf verleiten, sondern unterwerfen Sie sich ganz bewusst Gott. Gehen Sie den entscheidenden Schritt zurück in Gottes Arme. In dieser Geborgenheit können Sie widerstehen und Satan wird fliehen, zwar nicht vor Ihnen, aber vor Gott, dessen Nähe er nicht aushalten kann. Wenn Sie Satan von hinten sehen wollen, suchen sie sofort die Nähe Gottes, sobald sich Unruhe Ihrer bemächtigt.

Zurück zum Umgang mit Emotionen. Vergebung ist ein Akt unseres Willens und unseres Gehorsams gegenüber dem Wort Gottes. Meine Gefühle sagen mir höchstwahrscheinlich, so etwas kann ich einfach nicht vergeben. Denn, wenn ich vergebe, liefe dies der Gerechtigkeit zuwider. Fakt bleibt jedoch, dass Vergebung kein Akt der Gerechtigkeit, sondern ein Akt der Liebe ist.

Was tun, wenn Ihre Seele verrückt spielt

Wie wir sicher alle wissen, können uns unsere Emotionen bezüglich der Vergebungsentscheidung ganz schön in Unruhe versetzen. Ich möchte diesen inneren Kampf durchaus nicht kleinreden oder gar wegdiskutieren. Wir können in dieser Bedrängnis unserer Seele aber erklären, dass wir mit der ausgesprochenen Vergebung genau das getan haben, was Jesus gesagt hat. Unsere Seele und unsere Gefühle werden auf Grund dieser Proklamation letztendlich zur Ruhe kommen.

Ferner könnte es natürlich auch sein, dass Sie sich gar nicht nach Vergeben-Haben fühlen. Deshalb ist Geduld erforderlich. Ihre Seele braucht ganz einfach die nötige Zeit, bis sie das Ausgesprochene nachvollzogen hat und merkt, dass das Loslassen einer Last Erleichterung bewirkt.

Als ich in den frühen 70er Jahren das erste Mal in die USA reiste, kam es mir so vor, als ob meine Seele immer noch zu hause geblieben wäre. Für mich war es befremdlich, als ich nach etwa 8-stündiger Flugzeit in einem ganz andersartigen Umfeld ausstieg. Mein Verstand hat natürlich die neue Umgebung wahrgenommen, aber meine Seele konnte diesen rasanten Tapetenwechsel nicht so schnell nachvollziehen. Sie brauchte einfach entschieden mehr Zeit, sich an die neue Umgebung zu gewöhnen.

Genau so kann es uns ergehen, wenn sich unsere Seele einer völlig neuen Situation ausgesetzt fühlt. Es dauert tatsächlich länger bis sich ihr Neues, Unbekanntes und Herausforderndes erschließt. Also nicht verzweifeln. Sobald die Seele nämlich begreift, dass es ein *Gewinn* ist, keine Lasten mehr tragen zu müssen, wird sich ihr zunächst mürrisches „Grund-Unwohlsein" verflüchtigen und Erleichterung wie auch Freude werden sich ausbreiten.

8

Wenn ihr jemanden die Sünden vergebt

Welch weitreichende Konsequenzen Vergebung hat, können wir aus der folgenden Schriftstelle entnehmen.

> *Johannes 20:23*
> *Wenn ihr jemandem die Sünden vergebt, dem sind sie vergeben, wenn ihr sie jemandem behaltet, sind sie [ihm] behalten.*

Da es sich wirklich so verhält, wird Menschen, denen wir ihr an uns begangenes Unrecht nicht vergeben auch im *Himmel* nicht vergeben werden. In dem Moment, als mir bewusst wurde, was das bedeutet, sah ich die enorm große Verantwortung, die Herausforderung aber auch das Vorrecht, was dieses Wort Gottes für uns und unsere Mitmenschen beinhaltet.

Verantwortung insofern, als wir es uns gar nicht erlauben können, Menschen gefangen zu halten, da wir doch die Möglichkeit haben und autorisiert sind, sie durch Vergebung in die Freiheit zu entlassen.

Herausforderung, weil wir uns letztlich entscheiden müssen, Menschen frei zu lassen, die wir – allzu menschlichen Regungen folgend – lieber sonst wohin wünschen würden. Noch einmal: Es ist unwiderruflich *Ihre* Entscheidung, was Sie tun wollen! Bitten wir darum Gott, dass er uns hilft, in allen Fällen, das von uns Erwartete zu tun.

Vorrecht schließlich deshalb, weil wir Menschen in Freiheit entlassen dürfen. Ist das nicht ein Grund zu staunen? Ihnen und mir – uns – traut Gott zu so zu handeln, wie *er* es tun würde. Gott setzt also sein Vertrauen in uns: Ein geradezu atemberaubendes Privileg.

Jesus – unser Vorbild

Die Schrift sagt uns, dass wir auf *Jesu* Worte hören sollen.

> *Matthäus 17,5*
> *... Dieser ist mein geliebter Sohn, an dem ich Wohlgefallen gefunden habe. Ihn hört!*

Er, Jesus, ist uns für alle Bereiche unseres Lebens zum Vorbild gegeben worden. Einem Vorbild eifert man selbstverständlich nach und zwar in jedem Aspekt. Da wird nichts ausgeschlossen. Alles, was das Vorbild getan hat, ist relevant. Keine Ausnahme und keine Abweichung ist gerechtfertigt, wenn die Handlungsweise des Vorbilds richtungsweisend ist.

> *Johannes 13,15*
> *Denn ich habe euch ein Beispiel gegeben, dass auch ihr tut, wie ich euch getan habe.*
> *Johannes 12,26*
> *Wenn mir jemand dient, so folge er mir nach! Und wo ich bin, da wird auch mein Diener sein. Wenn mir jemand dient, so wird der Vater ihn ehren.*

Jesus lehrt, dass das, was *ihm* widerfahren ist, auch *uns* widerfahren wird und dass alles das, was *er* tat, auch *wir* tun sollen. Er verkündigte die frohe Botschaft und beauftragte uns, die Botschaft des Heils ebenfalls zu verkündigen. *Er* heilte und hat *uns* beauftragt zu heilen, er trieb Dämonen aus und beauftragte *uns* Dämonen auszutreiben, er weckte Tote auf und beauftragte *uns* Tote aufzuwecken. Er hat Menschen Sünden vergeben und erwartet von *uns,* Menschen die an uns begangenen Sünden zu vergeben.

Wir sollten nicht versuchen uns dadurch zu entschuldigen, dass Jesus Gottes Sohn war und er auf übernatürliche, göttliche Kraft zurückgreiffen konnte: Hier auf Erden war er aus freiem Willen Mensch, und hat sich der Begrenzung des Menschseins unterworfen. Also er war bevollmächtigt wie Sie und ich. Er war jeder Versuchung ausgesetzt, mit jedem Leid vertraut, hat jede nur denkbare Ablehnung und Zurückweisung durchlebt.

> *Johannes 1,11*
> *Er kam in sein Eigentum; und die Seinen nahmen ihn nicht auf.*

Er, der Schöpfer, kam in seine Schöpfung und das, was er geschaffen hatte, lehnte ihn ab, wies ihn zurück, wollte von ihm nichts wissen, verriet ihn und entledigte sich seiner auf die schmachvollste und grauenhafteste Art und Weise.

Er, der allen Grund gehabt hätte, *uns* zu vernichten, segnete uns. Aus seinem Leben brach ein Segensstrom hervor, der die Menschen von Anbeginn an bis zum Ende der Zeit berührt und ihnen die Möglichkeit gibt, wieder in die ursprünglich vorgesehene Gemeinschaft mit Gott hineinzukommen.

> *Lukas 6,28*
> *... segnet die euch fluchen, betet für die, die euch beleidigen.*

Trotz all der Repressalien, die ihm von Menschen entgegengebracht wurden, predigte er, der Allmächtige, Feindesliebe. Er lehrte uns, die zu segnen, die *uns* fluchen und für die zu beten, die *uns* beleidigen. Ein weiser Appell, aber nicht leicht verdaulich. Immer wieder Worte des Segens und der Liebe aber kein Fluch, kein Gericht, keine Verdammnis. Das ist sein Vermächtnis.

Er segnete, er betete, und zeigte uns an seinem Handeln, wie wir seinem Vorbild nacheifern können. Er etablierte das Gesetz der Liebe, hat danach gelebt und fordert uns auf, die Gebote, die er uns gab, in die Tat umzusetzen. Unsere Herausforderung besteht darin, nicht nur nach Worten zu lieben: Unseren Worten sollen vielmehr Taten folgen.

Das Gebet, das die Welt veränderte

Wenn wir uns nicht mit einem der kürzesten Gebete, die je gesprochen wurden, beschäftigten, so würde dieses Buch zu kurz greifen. Denn es ist das Gebet mit der wahrscheinlich durchschlagendsten Wirkung aller Zeiten. Jesus hat es für Sie und mich am Kreuz gebetet.

> *Lukas 23,34*
> *Jesus aber sprach: Vater, vergib ihnen! Denn sie wissen nicht, was sie tun.*

Halten wir hier noch einmal inne und denken darüber nach, warum Jesus gerade dieses Gebet sprach. Außerdem müssen wir uns darüber klar werden, was Jesus letztlich ans Kreuz gebracht hat. Es war die Sünde, für die es ohne Blutvergießen keine Sühne gibt. Gottes Wort lehrt uns, dass keiner gerecht ist, auch nicht einer.

> *Römer 3,10*
> *Da ist kein Gerechter, auch nicht einer …*

Wenn keiner gerecht ist, sind Sie und ich es auch nicht. Da das so ist, haben Sie und ich das von Gott intendierte Ziel verfehlt und sind Sünder. Und weil wir *Sünder* sind, waren es eindeutig unsere Sünden, die Jesus ans Kreuz gebracht haben.

Plötzlich bekommt dieser Aspekt „Sühne" eine ganz persönliche Komponente. .Jesus hat sich am Kreuz für Sie und mich eingesetzt, als er seinen Vater bat, diejenigen, die ihn ans Kreuz brachten, ihre Sünden nicht zuzurechnen.

Ich mag mir gar nicht erst vorstellen, was mit uns geschähe, hätte Jesus dieses Gebet *nicht* gesprochen. Nach seinem Wort wäre uns dann diese Sünde unweigerlich angelastet worden.

> *Johannes 20:23*
> *Wenn ihr jemandem die Sünden vergebt, dem sind sie vergeben, wenn ihr sie jemandem behaltet, sind sie [ihm] behalten.*
> *Matthäus 18:18*
> *Wahrlich, ich sage euch: Wenn ihr etwas auf der Erde bindet, wird es im Himmel gebunden sein, und wenn ihr etwas auf der Erde löst, wird es im Himmel gelöst sein.*

Wir hätten ohne Jesu Gebet tatsächlich keine Aussicht auf ein Leben mit und in ihm gehabt, sondern wären von der Herrlichkeit ausgeschlossen worden. Nichts mit ewigem Leben, nichts mit Braut, nichts mit Hochzeit des Lammes und nichts mit ewiger Freude. Stattdessen würde uns Heulen und Zähneklappern erwarten.

Jesus ist uns auch hier zum Vorläufer geworden. Er hat uns die Antwort vorgelebt. Nach dem Vorbild Jesu dürfen wir den himmlischen Vater ganz einfach darum bitten, anderen Menschen, die sich an uns versündigt haben, ihre Schuld nicht anzurechnen.

Eindeutig ist: Das Gebet Jesu war *unsere* einzige Chance frei zu werden. Aus Dankbarkeit, dass wir erlöst wurden, sollten wir andere genauso freigeben.

Wir leben als Kinder unseres himmlischen Vaters und als Kinder dieses Standes sind wir geradezu verpflichtet, Jesu Vorbild nachzueifern. Bedenken Sie – als ein Kind Gottes haben Sie auch die DNA des Vaters und können ganz natürlich dem Erbgut entsprechend handeln. Wie der Vater, so der Sohn – sagt das Sprichwort.

> *1.Petrus 4:8*
> *Vor allen Dingen aber habt untereinander eine anhaltende Liebe! Denn Liebe bedeckt eine Menge von Sünden.*

Davon sprach Petrus, als er erwähnte, dass Liebe eine Menge Sünden zuzudecken vermag. Was wäre naheliegender, als die uns angebotene Option einzulösen und das zu nutzen, was Gott uns zur ultimativen Segnung von Menschen gegeben hat.

Wenn wir uns entscheiden, so zu handeln, haben wir verstanden, andere an den Segnungen unseres Lebens teilhaben zu lassen.

> *Epheser 4,32*
> *Seid aber zueinander gütig, mitleidig, und vergebt einander, so wie auch Gott in Christus euch vergeben hat!*

Zusammenfassung:

Jesus unser Vorbild

Jesus ist unser unübertroffenes Vorbild für alle Lebensbereiche. Einem Vorbild eifert man selbstverständlich nach und zwar in jeder Hinsicht. Da wird nichts ausgeschlossen. Alles, was das Vorbild getan hat, ist relevant.

Er verkündigte die frohe Botschaft und beauftragte *uns*, die Botschaft des Heils ebenfalls zu bezeugen. Er heilte und hat *uns* beauftragt zu heilen; er trieb Dämonen aus und beauftragte *uns*

Dämonen auszutreiben; er weckte Tote auf und beauftragte *uns* Tote aufzuwecken. Er vergab Menschen ihre Sünden und beauftragte *uns,* Menschen die an uns begangenen Sünden zu vergeben.

9

Last but not least, zu dir persönlich

Ein junger Mann erschlug einen anderen, ungefähr Gleichaltrigen. Er stand wegen Mord vor Gericht und rechnete mit der schlimmsten Strafe, nämlich der Todesstrafe. Während des Prozesses meldete sich auf einmal der Vater des erschlagenen Sohnes zu Wort und bat den Richter um Gnade für *den* Mann, der seinen Sohn erschlug. Er ging soweit, dass er den Richter sogar bat, ihm das Sorgerecht für den Mörder zu erteilen. Natürlich war der Richter über dieses Ansinnen erstaunt und befragte den Vater nach dessen Beweggründen.

Dessen Antwort war so einfach wie erstaunlich. „Der Angeklagte hat mir das Liebste genommen, was ich hatte. Aber durch die Strafe würde nicht nur mein Sohn nicht wieder lebendig, sondern auch der Angeklagte verlöre sein Leben. Ich möchte ihn deshalb in meine Familie aufnehmen und ihn erfahren lassen, was die Liebe eines Vaters für seinen Sohn bedeutet. Damit könnte sowohl diesem jungen Mann geholfen werden, als auch mir, denn ich hätte wieder einen Sohn. Herr Richter, so schloß er sein Plädoyer, ich bitte Sie aus diesen Gründen auf seine Verurteilung zu verzichten".

Der Richter hatte nun abzuwägen, ob er den Angeklagten zum

Tode verurteilen sollte, oder ob er dem Gnadengesuch des Vaters entsprechen wollte. Nach langem Nachsinnen gewährte er dem jungen Mörder Gnade.

Soweit die Geschichte, aber noch war das Urteil nicht rechtskräftig, denn auch der junge Mann musste eine Entscheidung treffen. Er musste entscheiden, ob er die Gnade annehmen wollte, denn erst durch sein *JA* würde das Urteil seine befreiende Wirkung entfalten.

Können Sie sich die Tragik vorstellen, wenn der junge Mann – aus welchen Gründen auch immer – die ihm angebotene Gnade abgelehnt hätte. Mit seiner Ablehnung würde er ganz automatisch die *Alternative* zur Gnade wählen und sich für die Hinrichtung, den Tod, entscheiden. Ein Tod aus freien Stücken: Nicht, weil er gezwungen wurde, sondern nur, weil er es so wollte.

Was will ich mit dieser Geschichte sagen? So wie der Richter dem jungen Mann Gnade anbot, bietet unser himmlischer Vater *uns* Gnade an. Doch führt kein Weg daran vorbei: Die Gnade wird erst wirksam, wenn wir das Gnadenangebot auch annehmen. Diese Annahme geschieht dadurch, dass Sie sich genau wie der junge Mann in unserer Geschichte, auf die angebotenen Bedingungen einlassen.

Bei uns geht es darum, dass wir ganz bewusst aus der Selbstanklage, aus den Selbstvorwürfen und aus einer falschen Demut heraustreten, um die angebotene Gnade dankbar anzunehmen. Und wie sieht es bei *Ihnen* mit dem „Sich selbst-Vergeben" aus? Haben Sie schon einmal darüber nachgedacht, dass es auch für Sie notwendig ist, sich selbst zu vergeben, für all die sündigen Selbstvorwürfe, die Sie für so lange Zeit mit sich herum getragen haben.

Was nützt uns letztlich die Vergebung Gottes, wenn wir nicht bereit sind, uns auch selbst zu vergeben und dadurch die erwiesene Gnade anzunehmen

Gott, gegen den wir uns *alle* versündigt haben, vergibt uns. Wenn wir uns selbst nicht vergeben, weil wir etwa meinen, das

Angebot Gottes einfach nicht annehmen zu können, erklärten wir im Ergebnis, dass das Opfer Jesu für unsere Sünde nicht ausreiche.

Es ist völlig egal,

- wer Sie sind und was Sie verbrochen haben,
- dass Sie nicht ein Jota dazu beitragen können, die Vergebung Gottes in Kraft treten zu lassen und
- ob Sie sich nun für würdig halten oder nicht.

Gott hat Ihnen jedenfalls keinen anderen Gnadenweg anzubieten, als den von Jesus Beschrittenen. Sein Angebot steht, Sie können es annehmen oder ablehnen. Es ist *Ihre* Entscheidung, und zwar mit allen Konsequenzen: Entweder Leben in Fülle oder Tod.

Gott präsentiert Ihnen das, was er unter Leben versteht, weil Jesus den Preis stellvertretend für Sie bezahlt hat. Nur deshalb kann Gott auf Strafe verzichten und Ihnen stattdessen Begnadigung anbieten, Sie sogar als Sohn bzw. Tochter bei sich aufnehmen. Die Frage, die *wir* zu beantworten haben, ist eigentlich einfach und lautet: Sind wir bereit, die angebotene Gnade ohne Bedingungen anzunehmen? Sind wir ferner bereit, den Weg freizumachen, damit wir in die angebotene Freiheit hinein kommen können? Oder hindern uns diffuse religiöse Vorstellungen, wie z.B. „Ich bin dafür nicht würdig genug, folglich kann ich sie doch nicht annehmen". Im Klartext heißt das, für *mich* reicht das, was Gott anbietet leider nicht aus.

Lassen Sie sich sagen, *kein* verurteilter Täter ist würdig; wir aber *sind* alle verurteilt, denn wir haben gegen Gott gesündigt. Das Charakteristikum der Gnade ist, dass sie nur einem *rechtskräftig* Verurteilten gewährt werden kann. Und der muss wiederum gewillt sein, sie anzunehmen.

Bitten Sie Gott um Vergebung und vergeben Sie sich selbst. Dadurch *ehren* Sie Gott, denn Sie stellen sich zu dem, was Sie sind und erlauben Gottes Gnade in Ihrem Leben wirksam zu werden.

10

Vergebung ganz praktisch

Information steht vor jeder Aktion, so lehrt es uns Gottes Wort. Ich denke, wir haben uns informiert, haben „das Für und Wider" abgewogen und bestimmt erkannt, dass uns kein Ausweg bleibt, um die freimachende Kraft der frohen Botschaft zu erleben, als der Gehorsam gegenüber Gottes Wort.

> *Römer 2,13*
> *... es sind nämlich nicht die Hörer des Gesetzes gerecht vor Gott, sondern die Täter des Gesetzes werden gerechtfertigt werden.*

Es wäre schade, wenn wir nun alles theoretisch erarbeitet hätten, aber längst überfällige, notwendige Konsequenzen immer noch nicht ziehen würden. In einer kurzen Anleitung möchte ich nun die einzelnen praktischen Schritte aufzeigen, die notwendig sind, um Vergebung zu gewähren und in jene Freiheit zu gelangen, die uns Jesus zusagte.

> *Matthäus 6,12*
> *... und vergib uns unsere Schulden, wie auch wir unseren Schuldnern vergeben haben*

Die sieben Schritte zur Vergebung:

Die Bibel lehrt uns, dass wir vergeben sollen. Jesus hat nie etwas davon gesagt, dass wir uns nach vergeben *fühlen* müssen. Also müssen wir aktiv werden.

1. Treffen Sie die Entscheidung zu vergeben.
2. Rufen Sie sich in Erinnerung, was Vergebung ist und was nicht!
3. Tun Sie Buße, wegen Ihrer Unversöhnlichkeit.
4. Vergeben Sie der bzw. den betreffenden Personen.
5. Vergeben Sie sich selbst.
6. Bitten Sie Jesus, Ihr gebrochenes Herz zu heilen.
7. Führen Sie ein Vergebungstagebuch.

1. Entscheiden Sie sich zu vergeben

Formulieren Sie schriftlich ganz genau, welche Sünden Sie wem vergeben wollen. Sollten Sie Probleme damit haben, bitten Sie Jesus um Gnade und Beistand. Bitte erinnern Sie sich an:

> *Johannes 15,5*
> *... denn ohne mich könnt ihr nichts tun.*

2. Rufen Sie sich die folgenden Tatsachen ins Gedächtnis zurück

- Vergeben ist eine Willens- und Gehorsamsangelegenheit.
- Vergebung ist kein Akt der Gerechtigkeit, sondern der Liebe.
- Vergebung ist im Widerspruch mit Ihrer Seele und Ihrem Gefühl.
- Vergebung ist keine Rechtfertigung für an Ihnen begangene Sünde.
- Unrecht wird durch Vergebung nicht zu Recht.
- Auch für Gott wird durch Vergebung Unrecht nicht zu Recht.
- Durch Vergebung sind Sie anderen gnädig.

3. Tun Sie Buße wegen Ihrer Unversöhlichkeit

- Für die Vorwürfe, die Sie Gott gemacht haben, dass Gott nicht verhindert hat, was Ihnen zugestoßen ist.
- Sollten Sie aus irgendwelchen Gründen einem Menschen nicht vergeben haben, tun Sie Buße, dass Sie Gottes Wort nicht gehorsam waren.
- Bitten Sie Gott um Vergebung, dass Sie seinen Platz als Richter eingenommen haben und Mitmenschen in ihrer Sünde gefangen hielten.
- Bitten Sie Gott, dass er Sie reinigt von jeder Ungerechtigkeit und jeder Schuld im Hinblick auf die unterlassene Vergebung, die Sie nun gewähren wollen.
- Bitten Sie den Heiligen Geist um Beistand und rufen Sie ihn als Zeuge des Vergebungsaktes an.

4. Vergeben Sie der bzw. den betreffenden Personen

- Beten Sie das schriftlich formulierte Vergebungsanliegen.
- Sprechen Sie der Person Vergebung zu.
- Bitten Sie den himmlischen Vater, der Person, die sich an Ihnen versündigt hat, ihre Schuld nicht anzurechnen.
- Bitten Sie den himmlischen Vater, diese Person zu segnen, werden Sie ganz spezifisch in Ihren Segenswünschen.
- Bitten Sie den Heiligen Geist, dass er die Tatsache, endlich vergeben zu haben in Ihrem Herzen verankert.

5. Vergeben Sie sich selbst

Bitten Sie Gott, dass Sie seine Vergebung annehmen können und sprechen Sie sich selbst Vergebung zu.

6. Bitten Sie Jesus, Ihr gebrochenes Herz zu heilen

- Schon die Tatsache, dass wir etwas vergeben, beinhaltet, dass Menschen an uns schuldig geworden sind. Sehr oft geht das mit tiefen inneren Verletzungen einher. Nachdem wir vergeben haben ist es deshalb ratsam, Jesus zu bitten, die Wunden, die uns geschlagen wurden, zu heilen.
- Nicht selten erleiden wir durch das uns angetane Unrecht einen Schock und wurden traumatisiert. Es kann vorkommen, dass Menschen durch die Erinnerungen an derartige Vorkommnisse regelrecht terrorisiert werden.
- Dann ist es angebracht, ein gezieltes Gebet zu beten, damit Schock, Trauma und Terror von Seele und Körper, aus Denken, Sprechen und Tun entfernt werden.
- Darüber hinaus ist zu empfehlen, dass Sie Jesus bitten, die Vergebung auch gefühlsmäßig nachvollziehen zu können.
- Im Kapitel 12 finden Sie die entsprechenden Gebete

7. Weitere Schritte

Führen Sie ein Vergebungstagebuch in dem Sie festhalten, was Sie wem, wann vergeben haben. Diese „Tagebuch-Aufstellung" sollte folgendes enthalten:

- Namen der Person
- Den Tatbestand – und die Vergebung
- Den Segen, den Sie über dieser Person ausgesprochen haben
- Datum
- Ihre Unterschrift

11

Nun liegt es an Ihnen ...

Römer 2,13
... es sind nämlich nicht die Hörer des Gesetzes gerecht vor Gott, sondern die Täter des Gesetzes werden gerechtfertigt werden.
Matthäus 7,24 – 27
Jeder nun, der diese meine Worte hört und sie tut, den werde ich mit einem klugen Mann vergleichen, der sein Haus auf den Felsen baute; und der Platzregen fiel herab, und die Ströme kamen, und die Winde wehten und stürmten gegen jenes Haus; und es fiel nicht, denn es war auf den Felsen gegründet. Und jeder, der diese meine Worte hört und sie nicht tut, der wird mit einem törichten Mann zu vergleichen sein, der sein Haus auf den Sand baute; und der Platzregen fiel herab, und die Ströme kamen, und die Winde wehten und stießen an jenes Haus; und es fiel, und sein Fall war groß.

Gottes Wort spricht von klugen Menschen, die sein Wort hören und es tun und von Törichten, die das Wort nicht tun, obwohl sie es hören und wissen, was er erwartet.

Wenn wir meditierend auf dieses Gleichnis schauen, erschließt sich uns eine enorme Tragik. Für den Bau auf Sand muss genau so viel Material, genau soviel Zeit, genau so viel Energie und genau so viel Mühe verwendet werden, wie für ein Haus, das auf solidem Grund gebaut wird. Die Frage, die wir beantworten müssen, lautet letztlich: Wollen wir auf *solidem* Grund bauen, wollen wir die Ressourcen, die wir für unser Lebenshaus verbauen, nachhaltig einsetzen oder glauben wir noch immer, dass sich Pfusch am Bau auszahlt?

Leider, so lehrt die Bibel, wird uns einmal unser Wissen anklagen. Dass sich dies bewahrheitet, können wir schon aus der offensichtlichen Ignoranz des törichten Bauherrn im oben aufgeführten Bibelzitat ersehen. Letztlich verurteilt uns jede gewonnene Erkenntnis, die wir nicht umgesetzt haben.

> *Lukas 6,46*
> *Was nennt ihr mich aber: Herr, Herr! und tut nicht, was ich sage?*

Was nennt ihr mich Herr, mit welchem Recht bezeichnet ihr mich als den, der ich wirklich bin – nämlich als denjenigen, der euch sagt, was getan werden soll – und seid doch nicht bereit, es zu tun. Wir haben immer wieder Probleme damit, zu verstehen, was es eigentlich heißt, Jesus unseren Herrn zu nennen. „Herr" ist doch nach wie vor eine Autoritätsperson, die uns sagt, was getan werden muss und wir, die Untergebenen, haben ganz einfach die Pflicht zu tun, was die Autorität sagt und zwar exakt nach ihren Vorgaben. Verständlicher wäre für uns wahrscheinlich folgendes Beispiel. Sie arbeiten in verantwortlicher Stellung in der Niederlassung einer internationalen Firma. Eines Tages ruft Sie der Chef des Unternehmens in sein Büro und erklärt Ihnen, dass er Sie mit der Aufgabe betraut, die das weitere Bestehen der Niederlassung sichern soll. Er gibt Ihnen ganz präzise Anweisungen, die unbedingt befolgt werden müssen. Es handelt sich sowohl um zeitliche Belange als auch um bewährte Verfahren, die umgesetzt werden müssen. Der Chef macht Ihnen eindringlich klar, dass es zum aufgezeigten Weg keine Alternative gibt. Sie übernehmen den Auftrag und sagen ihm zu, alles in seinem Sinne zu erledigen. Daraufhin verabschiedet er sich und fliegt zurück zum Hauptsitz der Firma. Was geschieht stattdessen. Plötzlich, mitten im Arbeitsprozess, verspüren Sie keine Lust mehr, die Angelegenheit nach den erhaltenen Anweisungen und entsprechend ihrer Zusage zu beenden. Sie beginnen, die Sache auf *Ihre* Art und Weise zu bearbeiten und verpassen inhaltliche und zeitliche Parameter. Es geschieht das, was der Chef befürchtet hat. Die Niederlassung kann so nicht weiter existieren und muss geschloßen werden. Nun zurück zu den Beteiligten. Der Chef hatte Ihnen ja gesagt, was geschehen würde wenn nicht ... Er suchte die Zusammenarbeit. Sie hatten zugesagt, ihm zu helfen und die Angelegenheit in seinem Sinne zu regeln.

Reflektieren wir doch einmal Ihre Situation. Sie sind einen Teil des Weges gegangen und haben aus irgendeinem Grund begonnen, die Angelegenheit nach Ihrem Gutdünken zu erledigen. Es hat sich aber nach und nach herausgestellt, dass das Projekt so nicht erfolgreich abgeschlossen werden kann. Die Konsequenzen sind doch offensichtlich. Sie haben zwar gearbeitet, Sie haben sich total in Ihr Projekt investiert, Sie haben Überstunden bis zum Anschlag gemacht, Sie haben Wochenenden und Feiertage geopfert. Aber letztendlich wofür? Die Firma konnte trotz dieses Einsatzes nicht überleben – und das aus einem einzigen Grund: Sie haben an der eigentlichen Aufgabenstellung vorbei gearbeitet.

Das ist die Tragik, die ich uns vor Augen führen möchte.

Genauso, wie in diesem Beispiel, wurden auch Sie von Gott mit einer ganz bestimmten, exakt definierten Aufgabenstellung betraut, nämlich, Ihr Lebenshaus nach *seinen* Angaben zu bauen. Sie haben durch Ihre Hinwendung zu Jesus seine Bedingungen akzeptiert. Es gibt diesbezüglich keine Teilakzeptanz, entweder Sie sind Christ mit allen dazugehörenden Konsequenzen oder Sie leben eben Ihr Eigenleben: Dann verzichten sie allerdings auf alles, was Gott denen zugesagt hat, die seinem Wort gehorchen.

Natürlich will ich Ihnen keineswegs irgendwelche Lasten auferlegen oder Sie gar mit diesen Zeilen entmutigen. Das ist und kann nicht meine Absicht sein. Aber meine Aufgabe ist ganz einfach die, Ihnen das von Jesus Angebotene schmackhaft zu machen, jedoch ohne dabei die Konsequenzen zu unterschlagen, denen wir ausgeliefert sind, wenn wir uns gegen den von Gott aufgezeigten Weg entscheiden.

Ich möchte *Sie* ermutigen! Lassen Sie sich durch Nichtigkeiten nie aus der Bahn werfen, so tiefgreifend sie sich für uns auch darstellen mögen. Sie haben gut begonnen, also beenden Sie das Rennen nach seinen Regeln und der Siegeskranz wird Ihnen verliehen werden. Nicht aufhören, laufen Sie weiter und vergessen Sie nicht: Jesus hat für Sie gebetet und will *Sie* bei sich haben. Das Beste, was ich Ihnen zum Schluss mitgeben kann, ist: Bleiben Sie in seiner Nähe, bleiben Sie angeschlossen am Lebensquell, der Sie nährt, leitet und fruchtbar werden lässt.

> *Johannes 15,5*
> *Ich bin der Weinstock, ihr seid die Reben. Wer in mir bleibt und ich in ihm, der bringt viel Frucht; denn getrennt von mir könnt ihr nichts tun.*

Und wenn wir schon ohne IHN nichts tun können, sollten wir auch gar nicht erst versuchen, ohne IHN irgendetwas tun zu *wollen*.

12

Gebete

Bußgebet über Ihre Unversöhnlichkeit [3]

- Herr Jesus, ich tue Buße über meine Unversöhnlichkeit, die Bitterkeit und Groll hervorgebracht hat. Ich übernehme die volle Verantwortung und bitte dich, dass du mir vergibst und mich reinigst – in Jesu Namen.

  Dieses Gebet am Anfang zielt auf jedes „wahrgenommene Anrecht", das jemand dem Feind Gottes irgendwann eingeräumt hat, und zwar dadurch, dass er ihm auf irgendeine Art bewusst oder unbewusst die Tür geöffnet hat.

- Herr Jesus, ich tue Buße, dass ich bewusst, unbewusst, willentlich, unwillentlich, passiv oder aktiv dem Geist der Unversöhnlichkeit, der Bitterkeit und des Grolls erlaubt habe, mich zu beeinflussen – meinen Körper, Seele und Geist, durch mein Denken, Reden und Tun. Danke, Jesus, für dein Kreuz und dass meine Sünden durch dein Opfer vergeben sind, ich also gereinigt bin in deinem Namen

---

3 Angelehnt an Vorgaben von Art Zeilsta

Ob wir uns dessen bewusst sind oder nicht, ob wir daran teil genommen haben oder nicht: Jesus hat für alle meine Sünden durch sein Sterben am Kreuz bezahlt – für die vergangenen, die jetzigen und die zukünftigen. Mir ist vergeben worden! Ich bin gereinigt. Am meisten hasst Satan unsere Umkehr von unserer Sünde und die Bitte um unsere Vergebung.

- Dazu gehört auch, dass ich auf dich, Gott, böse war und es dir nachgetragen habe, dass du dies in meinem Leben zugelassen hast.

Vergebungsgebet für Sünde, die an Ihnen begangen worden ist.[4]

- Ich vergebe *(benenne die Person)*, dass sie (er) an mir gesündigt *(sei spezifisch)* hat, und entlasse sie aus meiner Anklage.
- Ich stelle das Kreuz Christi zwischen mich und *(benenne die Person)*. Im Namen Jesu Christi befehle ich, allem Groll und aller Bitterkeit am Kreuz Jesu Christi zu enden. Ich bitte, dass mir vom Kreuz Christi Freiheit und Heilung zuströmt. Herr Jesus, erfülle du mein Leben mit deinem Frieden, deiner Freude und deiner Ruhe.
- Ich bitte dich himmlischer Vater, dass du *(benenne die Person)* diese Sünde nicht mehr anrechnest. Ich gebe *(benenne die Person)* frei, *(benenne die Person)* ist mir nichts mehr schuldig.
- Ich segne *(benenne die Person)* mit Gunst, Gelingen auf allen Ebenen und wünsche, dass *(benenne die Person)* deine Segnungen erfährt.

4 Angelehnt an Vorgaben von Dr. Mark und Patti Virkler

- Lieber himmlischer Vater, ich bitte dich, dass du *(benenne die Person)* Menschen über den Weg sendest die *(benenne die Person)* von dir erzählen.
- Bitte öffne *(benenne die Person)* Herz, dass *(benenne die Person)* deiner Liebe Glauben schenken und dich als Herrn annimmt.

Ich vergebe mir selbst und nehme die mir angebotene Gnade an.

- Ich bekenne und tue Buße, dass ich deine Gnade nicht angenommen habe.
- Dazu gehört auch, dass ich auf dich, Gott, böse war und dir vieles nachgetragen habe. Ich gab *dir* die Schuld für manches Problem, das mein Leben belastete. Bitte vergib mir und reinige mich von dieser Sünde.
- Ich vergebe *mir* für all die Sünden, die ich gegen dich und meine Mitmenschen begangen habe. Ich entscheide mich heute, dass ich die Gnade, die du mir anbietest, annehme.
- Ich stelle das Kreuz Christi zwischen mir und all den von mir begangenen Sünden auf.
- Ich gebiete in deinem Namen – allem Groll und aller Bitterkeit am Kreuz Jesu Christi zu enden, und danke, dass mir von dort Freiheit und Erneuerung zuströmen.
- Bitte, Herr Jesus, erfülle mein Leben mit Frieden, Freude und Ruhe.
- Ich danke dir, Herr Jesus, für die Reinigung durch dein heiliges Blut und für die Vergebung all meiner Sünden.

Schock – Trauma – Angst und Terror [5]

Ich bitte dich, Herr Jesus, dass du durch die Kraft des Heiligen Geistes alle natürlichen Schocks, alle Traumata, alle Angst und allen Terror entfernst aus:

- meinen Körperzellen,
- meinen Organen *(Sie können die einzelnen Organe, die schwach oder krank sind benennen),*
- meinen Muskeln, Bändern, Sehnen, Gelenken, Knorpeln, Knochen und Knochenmark,
- meiner Durchblutung und meiner DNA,
- meinem Nervensystem vom Stammhirn bis hin zu den Nerven-Enden.
- Ich bitte dich, Herr Jesus, gieße dein Heilungsöl aus:
  - in mein Nervensystem,
  - in meinen Verstand, dem Bewussten, Unterbewussten und Unbewussten,
  - in meine Emotionen, meinen Willen, meine Identität, Persönlichkeit und meinen Geist,
  - in alle nichtgedanklichen und vorverbalen Erinnerungen,
  - in alle gedanklichen und unbenennbaren Erinnerungen,
  - in meinen Mandelkern, meinen Hypothalamus.
- Bitte gib meinen Organen ihre natürliche Funktionsweise zurück.
- Schalte die Alarmsysteme und die Übererregung in mir aus.
- Ich bitte dich, dass du die Kampf- und Fluchtreaktion abschaltest, die durch Schocks und Traumata aktiviert worden sind.
- Bitte stelle du die ursprüngliche Intensität der Kampf- und Fluchtreaktionen in mir wieder her.

---

5 Angelehnt an Vorgaben von Art Zeilstra und Janet Howden

- Ich bitte dich, Herr Jesus, dass du die überhöhte Wachsamkeit im Nervensystem, dem Hypothalamus und dem Mandelkern abstellst.
- Ich bitte dich ferner, Jesus, dass du mein Gehirn wieder in das natürliche Gleichgewicht zurückbringst, und du neue Synapsen zu meinem „Glückszentrum" aufbaust.
- Ich bitte dich, Herr, dass du dich aller stillen Schreie meiner Lunge und Kehle annimmst.

Ich bitte dich, Herr Jesus, dass du jede Zelle meines Körpers mit deinem Frieden, deiner Liebe und deiner Freude füllst und du alles versiegelst, was in deinem heiligen Namen gesbetet, gesprochen und getan wurde.

Amen.

Vergebungstagebuch